四書五經

左傳

四

中華書局

左傳 四

四書五經

中華書局

經（昭公十三年）

十有三年春，叔弓帥師圍費。

夏四月，楚公子比自晉歸於楚，弑其君虔於乾溪。

楚公子棄疾殺公子比。

秋，公會劉子、晉侯、齊侯、宋公、衛侯、鄭伯、曹伯、莒子、邾子、滕子、薛伯、杞伯、小邾子於平丘。

八月甲戌，同盟於平丘。公不與盟。

晉人執季孫意如以歸。

公至自會。

蔡侯廬歸於蔡。陳侯吳歸於陳。

冬十月，葬蔡靈公。

公如晉，至河乃復。

吳滅州來。

傳（昭公十三年）

十三年春，叔弓圍費，弗克，敗焉。平子怒，令見費人執之，以爲囚俘。冶區夫曰：「非也，若見費人，寒者衣之，飢者食之，爲之令主，而共其乏困，費來如歸，南氏亡矣。民將叛之，誰與居邑？若憚之以威，懼之以怒，民疾而叛，爲之聚也。若諸侯皆然，費人無歸，不親南氏，將焉入矣？」平子從之，費人叛南氏。

楚子之爲令尹也，殺大司馬薳掩而取其室。及即位，奪薳居田；遷許而質許圍。蔡洧有寵於王，王之滅蔡也，其父死焉，王使與於守而行。申之會，越大夫戮焉。王奪鬭韋龜中犨，又奪成然邑，而使爲郊尹。蔓成然故事蔡公。故薳氏之族及薳居、許圍、蔡洧、蔓成然，皆王所不禮也，因羣喪職之族，啓越大夫常壽過作亂，圍固城，克息舟，城而居之。

觀起之死也，其子從在蔡，事朝吳，曰：「今不封蔡，蔡不封矣。我請試之。」以蔡公之命召子干、子晳，及郊，而告之情，强與之盟，入襲蔡。蔡公將食，見之而逃。觀從使子干食，坎，用牲，加書，而速行。己徇於蔡，曰：「蔡公召二子，將納之，與之盟而遣之矣，將師而從之。」蔡人聚，將執之。辭曰：「失賊成軍，而殺余何益？」乃釋之。朝吳曰：「二三子若能死亡，則如違之，以待所濟。若求安定，則如與之，以濟所欲。且違上，何適而可？」衆曰：「與之！」乃奉蔡公，召二子而盟於鄧，依陳、蔡人以國。楚公子比、公子黑肱、公子棄疾、蔓成然、蔡朝吳帥陳、蔡不羹、許、葉之師，因四族之徒，以入楚。及郊，陳、蔡欲爲名，故請爲武軍。蔡公知之，曰：「欲速，且役病矣，請藩而已。」乃藩爲軍。蔡公使須務牟與史猈先入，因正僕人殺大子祿及公子罷敵。公子比爲王，公子黑肱爲令尹，次於魚陂。公子棄疾爲司馬，先除王宮，使觀從從師於乾溪，而遂告之，且曰：「先歸復所，後者劓。」師及訾梁而潰。

王聞羣公子之死也，自投於車下，曰：「人之愛其子也，亦如余乎？」侍者曰：「甚焉，小人老而無子，知擠於溝壑矣。」王曰：「余殺人子多矣，能無及此乎？」右尹子

革曰：「請待於郊，以聽國人。」王曰：「衆怒不可犯也。」曰：「若入於大都，而乞師於諸侯。」王曰：「皆叛矣。」曰：「若亡於諸侯，以聽大國之圖君也。」王曰：「大福不再，祇取辱焉。」然丹乃歸於楚。王沿夏，將欲入鄢。芋尹無宇之子申亥曰：「吾父再奸王命，王弗誅，惠孰大焉？君不可忍，惠不可棄，吾其從王。」乃求王，遇諸棘闈以歸。夏五月癸亥，王縊於芋尹申亥氏。申亥以其二女殉而葬之。

觀從謂子干曰：「不殺棄疾，雖得國，猶受禍也。」子干曰：「余不忍也。」子玉曰：「人將忍子，吾不忍俟也。」乃行。國每夜駭曰：「王入矣！」乙卯夜，棄疾使周走而呼曰：「王至矣！」國人大驚。使蔓成然走告子干、子晳曰：「王至矣，國人殺君司馬，將來矣。君若早自圖也，可以無辱。衆怒如水火焉，不可爲謀。」又有呼而走至者，曰：「衆至矣！」二子皆自殺。丙辰，棄疾即位，名曰熊居。葬子干於訾，實訾敖。殺囚，衣之王服，而流諸漢，乃取而葬之，以靖國人。使子旗爲令尹。

楚師還自徐，吳人敗諸豫章，獲其五帥。

平王封陳、蔡，復遷邑，致羣賂，施舍寬民，宥罪舉職。召觀從，王曰：「唯爾所欲。」對曰：「臣之先佐開卜。」乃使爲卜尹。使枝如子躬聘於鄭，且致犨、櫟之田。事畢弗致。鄭人請曰：「聞諸道路，將命寡君以犨、櫟，敢請命。」對曰：「臣未聞命。」既復，王問犨、櫟，降服而對曰：「臣過失命，未之致也。」王執其手，曰：「子毋勤！姑歸，不穀有事，其告子也。」

他年，芋尹申亥以王柩告，乃改葬之。

初，靈王卜曰：「余尚得天下！」不吉。投龜，詬天而呼曰：「是區區者而不余畀，余必自取之。」民患王之無厭也，故從亂如歸。

初，共王無冢適，有寵子五人，無適立焉。乃大有事於羣望，而祈曰：「請神擇於五人者，使主社稷。」乃遍以璧見於羣望，曰：「當璧而拜者，神所立也，誰敢違之？」既，乃與巴姬密埋璧於大室之庭，使五人齊，而長入拜。康王跨之，靈王肘加焉，子干、子晳皆遠之。平王弱，抱而入，再拜，皆厭紐。鬬韋龜屬成然焉，且曰：「棄禮違命，楚其危哉！」

子干歸，韓宣子問於叔向曰：「子干其濟乎！」對曰：「難。」宣子曰：「同惡相求，如市賈焉，何難？」對曰：「無與同好，誰與同惡？取國有五難：有寵而無人，一也；有人而無主，二也；有主而無謀，三也；有謀而無民，四也；有民而無德，五也。子干在晉，十三年矣。晉、楚之從，不聞達者，可謂無人。族盡親叛，可謂無主。無釁而動，可謂無謀。爲羈終世，可謂無民。亡無愛徵，可謂無德。王虐而不忌，楚君子干，涉五難以弑舊君，誰能濟之？有楚國者，其棄疾乎！君陳、蔡，城外屬焉。苛慝不作，盜賊伏隱，私欲不違，民無怨心。先神命之，國民信之。芈姓有亂，必季實立，楚之常也。獲神，一也；有民，二也；令德，三也；寵貴，四也；居常，五也。有五利以去五難，誰能害之？子干之官，則右尹也；數其貴寵，則庶子也；以神所命，則又遠之。其貴亡矣，其寵棄矣。民無懷焉，國無與焉，將何以立？」宣子曰：「齊桓、晉文不亦是乎？」對曰：「齊桓，衛姬之子也，有寵於僖；有鮑叔牙、賓須無、隰朋以爲輔佐；有莒、衛以

爲外主；有國、高以爲內主；從善如流，下善齊肅；不藏賄，不從欲，施捨不倦，求善不厭。是以有國，不亦宜乎？我先君文公，狐季姬之子也，有寵於獻；好學而不貳，生十七年，有士五人。有先大夫子餘、子犯以爲腹心，有魏犨、賈佗以爲股肱，有齊、宋、秦、楚以爲外主，有欒、郤、狐、先以爲內主，亡十九年，守志彌篤。惠、懷棄民，民從而與之。獻無異親，民無異望。天方相晉，將何以代文？此二君者，異於子干。共有寵子，國有奥主；無施於民，無援於外；去晉而不送，歸楚而不逆，何以冀國？」

晉成虒祁，諸侯朝而歸者皆有貳心。爲取郠故，晉將以諸侯來討。叔向曰：「諸侯不可以不示威。」乃並徵會，告於吴。秋，晉侯會吴子於良，水道不可，吴子辭，乃還。

七月丙寅，治兵於邾南。甲車四千乘。羊舌鮒攝司馬，遂合諸侯於平丘。子産、子大叔相鄭伯以會，子産以幄、幕九張行，子大叔以四十，既而悔之，每舍，損焉。及會，亦如之。

次於衛地，叔鮒求貨於衛，淫芻蕘者。衛人使屠伯饋叔向羹與一篋錦，曰：「諸侯事晉，未敢攜貳；況衛在君之宇下，而敢有異志？芻蕘者異於他日，敢請之。」叔向受羹反錦，曰：「晉有羊舌鮒者，瀆貨無厭，亦將及矣。爲此役也，子若以君命賜之，其已。」客從之，未退而禁之。

晉人將尋盟，齊人不可。晉侯使叔向告劉獻公曰：「抑齊人不盟，若之何？」對曰：「盟以底信，君苟有信，諸侯不貳，何患焉？告之以文辭，董之以武師，雖齊不許，君庸多矣。天子之老請帥王賦，『元戎十乘，以先啓行』，遲速唯君。」叔向告於齊曰：

「諸侯求盟，已在此矣。今君弗利，寡君以爲請。」對曰：「諸侯討貳，則有尋盟。若皆用命，何盟之尋？」叔向曰：「國家之敗，有事而無業，事則不經；有業而無禮，經則不序；有禮而無威，序則不共；有威而不昭，共則不明。不明棄共，百事不終，所由傾覆也。是故明王之制，使諸侯歲聘以志業，間朝以講禮，再朝而會以示威，再會而盟以顯昭明。志業於好，講禮於等，示威於衆，昭明於神。自古以來，未之或失也。存亡之道，恒由是興。晉禮主盟，懼有不治；奉承齊犧，而布諸君，求終事也。君曰『余必廢之』，何齊之有？唯君圖之。寡君聞命矣。」齊人懼，對曰：「小國言之，大國制之，敢不聽從？既聞命矣，敬共以往，遲速唯君。」叔向曰：「諸侯有間矣，不可以不示衆。」八月辛未，治兵，建而不旆。壬申，復旆之。諸侯畏之。

邾人、莒人愬於晉曰：「魯朝夕伐我，幾亡矣。我之不共，魯故之以。」晉侯不見公。使叔向來辭曰：「諸侯將以甲戌盟，寡君知不得事君矣，請君無勤。」子服惠伯對曰：「君信蠻夷之訴，以絶兄弟之國，棄周公之後，亦唯君。寡君聞命矣。」叔向曰：「寡君有甲車四千乘在，雖以無道行之，必可畏也。況其率道，其何敵之有？牛雖瘠，僨於豚上，其畏不死？南蒯、子仲之憂，其庸可棄乎？若奉晉之衆，用諸侯之師，因邾、莒、杞、鄫之怒，以討魯罪，間其二憂，何求而弗克？」魯人懼，聽命。

甲戌，同盟於平丘，齊服也。令諸侯日中造於除。癸酉，退朝。子産命外僕速張於除，子大叔止之，使待明日。及夕，子産聞其未張也，使速往，乃無所張矣。

及盟，子産争承，曰：「昔天子班貢，輕重以列。列尊貢重，周之制也。卑而貢重

者，甸服也，男也，而使從公侯之貢，懼弗給也，敢以爲請。諸侯靖兵，好以爲事。行理之命，無月不至，貢之無藝，小國有闕，所以得罪也。諸侯修盟，存小國也。貢獻無極，亡可待也。存亡之制，將在今矣。」自日中以爭，至於昏，晉人許之。既盟，子大叔咎之曰：「諸侯若討，其可瀆乎？」子産曰：「晉政多門，貳偷之不暇，何暇討？國不競亦陵，何國之爲？」

公不與盟。晉人執季孫意如，以幕蒙之，使狄人守之。司鐸射懷錦，奉壺飲冰，以蒲伏焉。守者御之，乃與之錦而入。晉人以平子歸，子服湫從。

子産歸，未至，聞子皮卒，哭，且曰：「吾已！無爲爲善矣。唯夫子知我。」仲尼謂子産：「於是行也，足以爲國基矣。《詩》曰：『樂只君子，邦家之基。』子産，君子之求樂者也。且曰：『合諸侯，藝貢事，禮也。』」

鮮虞人聞晉師之悉起也，而不警邊，且不修備。晉荀吴自著雍以上軍侵鮮虞，及中人，驅冲競，大獲而歸。

楚之滅蔡也，靈王遷許、胡、沈、道、房、申於荆焉。平王即位，既封陳、蔡，而皆復之，禮也。隱大子之子廬歸於蔡，禮也。悼大子之子吴歸於陳，禮也。

冬十月，葬蔡靈公，禮也。

公如晉。荀吴謂韓宣子曰：「諸侯相朝，講舊好也。執其卿而朝其君，有不好焉，不如辭之。」乃使士景伯辭公於河。

吴滅州來，令尹子旗請伐吴。王弗許，曰：「吾未撫民人，未事鬼神，未修守備，未定國家，而用民力，敗不可悔。州來在吴，猶在楚也。子姑待之。」

季孫猶在晉，子服惠伯私於中行穆子曰：「魯事晉，何以不如夷之小國？魯，兄弟也，土地猶大，所命能具。若爲夷棄之，使事齊、楚，其何瘳於晉？親親與大，賞共罰否，所以爲盟主也。子其圖之！諺曰：『臣一主二。』吾豈無大國？」穆子告韓宣子，且曰：「楚滅陳、蔡，不能救，而爲夷執親，將焉用之？」乃歸季孫。惠伯曰：「寡君未知其罪，合諸侯而執其老。若猶有罪，死命可也。若曰無罪而惠免之，諸侯不聞，是逃命也，何免之爲？請從君惠於會。」宣子患之，謂叔向曰：「子能歸季孫乎？」對曰：「不能。鮒也能。」乃使叔魚。叔魚見季孫，曰：「昔鮒也得罪於晉君，自歸於魯君，微武子之賜，不至於今。雖獲歸骨於晉，猶子則肉之，敢不盡情？歸子而不歸，鮒也聞諸吏，將爲子除館於西河，其若之何？」且泣。平子懼，先歸。惠伯待禮。

經（昭公十四年）

十有四年春，意如至自晉。

三月，曹伯滕卒。

夏四月。

秋，葬曹武公。

八月，莒子去疾卒。

冬，莒殺其公子意恢。

傳（昭公十四年）

十四年春，意如至自晉，尊晉罪己也。尊晉罪己，禮也。

南蒯之將叛也，盟費人。司徒老祁、慮癸僞廢疾，使請於南蒯曰：「臣願受盟而疾興。若以君靈不死，請待間而盟。」許之。二子因民之欲叛也，請朝衆而盟。遂劫南蒯曰：「羣臣不忘其君，畏子以及今，三年聽命矣。子若弗圖，費人不忍其君，將不能畏子矣。子何所不逞欲？請送子。」請期五日。遂奔齊。侍飲酒於景公。公曰：「叛夫！」對曰：「臣欲張公室也。」子韓皙曰：「家臣而欲張公室，罪莫大焉。」司徒老祁、慮癸來歸費，齊侯使鮑文子致之。

夏，楚子使然丹簡上國之兵於宗丘，且撫其民。分貧，振窮；長孤幼，養老疾；收介特，救災患；宥孤寡，赦罪戾；詰姦慝，舉淹滯；禮新，敘舊；祿勳，合親；任良，物官。使屈罷簡東國之兵於召陵亦如之。好於邊疆。息民五年，而後用師，禮也。

秋八月，莒著丘公卒，郊公不戚，國人弗順，欲立著丘公之弟庚輿。蒲餘侯惡公子意恢，而善於庚輿；郊公惡公子鐸，而善於意恢。公子鐸因蒲餘侯而與之謀曰：「爾殺意恢，我出君而納庚輿。」許之。

楚令尹子旗有德於王，不知度，與養氏比，而求無厭。王患之。九月甲午，楚子殺鬬成然，而滅養氏之族。使鬬辛居鄖，以無忘舊勛。

冬十二月，蒲餘侯茲夫殺莒公子意恢。郊公奔齊。公子鐸逆庚輿於齊，齊隰黨、公子鉏送之，有賂田。

晉邢侯與雍子爭鄐田，久而無成。士景伯如楚，叔魚攝理。韓宣子命斷舊獄，罪在雍子。雍子納其女於叔魚，叔魚蔽罪邢侯。邢侯怒，殺叔魚與雍子於朝。宣子問其罪於叔向。叔向曰：「三人同罪，施生戮死可也。雍子自知其罪，而賂以買直；鮒也鬻獄；邢侯專殺，其罪一也。己惡而掠美爲昏，貪以敗官爲墨，殺人不忌爲賊。《夏書》曰：『昏、墨、賊，殺』，臯陶之刑也，請從之。」乃施邢侯而尸雍子與叔魚於市。

仲尼曰：「叔向，古之遺直也。治國制刑，不隱於親。三數叔魚之惡，不爲末減。曰義也夫，可謂直矣！平丘之會，數其賄也，以寬衛國，晉不爲暴。歸魯季孫，稱其詐也，以寬魯國，晉不爲虐。邢侯之獄，言其貪也，以正刑書，晉不爲頗。三言而除三惡，加三利。殺親益榮，猶義也夫！」

經（昭公十五年）

十有五年春王正月，吳子夷末卒。

二月癸酉，有事於武宮。籥入，叔弓卒。去樂，卒事。

夏，蔡朝吳出奔鄭。

六月丁巳朔，日有食之。

秋，晉荀吳帥師伐鮮虞。

冬，公如晉。

傳（昭公十五年）

十五年春，將禘於武公，戒百官。梓慎曰：「禘之日其有咎乎！吾見赤黑之祲，非祭祥也，喪氛也。其在莅事乎！」二月癸酉，禘。叔弓莅事，籥入而卒。去樂，卒事，禮也。

楚費無極害朝吳之在蔡也，欲去之，乃謂之曰：「王唯信子，故處子於蔡，子亦長矣，而在下位，辱必求之，吾助子請。」又謂其上之人曰：「王唯信吳，故處諸蔡，二三子莫之如也，而在其上，不亦難乎？弗圖，必及於難。」夏，蔡人逐朝吳，朝吳出奔鄭。王怒，曰：「余唯信吳，故寘諸蔡。且微吳，吾不及此。女何故去之？」無極對曰：「臣豈不欲吳？然而前知其爲人之異也。吳在蔡，蔡必速飛。去吳，所以翦其翼也。」

六月乙丑，王大子壽卒。

秋八月戊寅，王穆后崩。

晉荀吳帥師伐鮮虞，圍鼓。鼓人或請以城叛，穆子弗許。左右曰：「師徒不勤，而可以獲城，何故不爲？」穆子曰：「吾聞諸叔向曰：『好惡不愆，民知所適，事無不濟。』或以吾城叛，吾所甚惡也；人以城來，吾獨何好焉？賞所甚惡，若所好何？若其弗賞，是失信也，何以庇民？力能則進，否則退，量力而行。吾不可以欲城而邇姦，所喪滋多。」使鼓人殺叛人而繕守備。圍鼓三月，鼓人或請降。使其民見，曰：「猶有食色，姑修而城。」軍吏曰：「獲城而弗取，勤民而頓兵，何以事君？」穆子曰：「吾以事君也。獲一邑而教民怠，將焉用邑？邑以賈怠，不如完舊。賈怠無卒，棄舊不祥。鼓人能事其君，我亦能事吾君。率義不爽，好惡不愆，城可獲而民知義所，有死命而無二心，不亦可乎？」鼓人告食竭力盡，而後取之。克鼓而反，不戮一人，以鼓子鳶鞮歸。

冬，公如晉，平丘之會故也。

十二月，晉荀躒如周，葬穆后，籍談爲介。既葬，除喪，以文伯宴，樽以魯壺。王曰：「伯氏，諸侯皆有以鎮撫王室，晉獨無有，何也？」文伯揖籍談。對曰：「諸侯之封也，皆受明器於王室，以鎮撫其社稷，故能薦彝器於王。晉居深山，戎狄之與鄰，而遠於王室，王靈不及，拜戎不暇，其何以獻器？」王曰：「叔氏，而忘諸乎！叔父唐叔，成王之母弟也，其反無分乎？密須之鼓與其大路，文所以大蒐也；闕鞏之甲，武所以克商也，唐叔受之，以處參虛，匡有戎狄。其後襄之二路，鏚鉞、秬鬯，彤弓、虎賁，文公受之，以有南陽之田，撫征東夏，非分而何？夫有勳而不廢，有績而載，奉之以土田，撫之以彝器，旌之以車服，明之以文章，子孫不忘，所謂福也。福祚之不登，叔父焉在？且昔而高祖孫伯黶司晉之典籍，以爲大政，故曰籍氏。及辛有之二子董之晉，於是乎有董史。女，司典之後也，何故忘之？」籍談不能對。賓出，王曰：「籍父其無後乎！數典而忘其祖。」籍談歸，以告叔向。叔向曰：「王其不終乎！吾聞之：所樂必卒焉。今王樂憂，若卒以憂，不可謂終。王一歲而有三年之喪二焉，於是乎以喪賓宴，又求彝器，樂憂甚矣，且非禮也。彝器之來，嘉功之由，非由喪也。三年之喪，雖貴遂服，禮也。王雖弗遂，宴樂以早，亦非禮也。禮，王之大經也。一動而失二禮，無大經矣。言以考典，典以志經。忘經而多言，舉典，將焉用之？」

經（昭公十六年）

十有六年春，齊侯伐徐。

楚子誘戎蠻子殺之。

夏，公至自晉。

秋八月己亥，晉侯夷卒。

九月，大雩。

季孫意如如晉。

冬十月，葬晉昭公。

傳（昭公十六年）

十六年春王正月，公在晉，晉人止公。不書，諱之也。

齊侯伐徐。

楚子聞蠻氏之亂也與蠻子之無質也，使然丹誘戎蠻子嘉殺之，遂取蠻氏。既而復立其子焉，禮也。

二月丙申，齊師至於蒲隧，徐人行成。徐子及郯人、莒人會齊侯，盟於蒲隧，賂以甲父之鼎。叔孫昭子曰：「諸侯之無伯，害哉！齊君之無道也，興師而伐遠方，會之，有成而還，莫之亢也。無伯也夫！《詩》曰：『宗周既滅，靡所止戾。正大夫離居，莫知我肄』，其是之謂乎！」

三月，晉韓起聘於鄭，鄭伯享之。子產戒曰：「苟有位於朝，無有不共恪！」孔張後至，立於客間，執政禦之；適客後，又禦之；適縣間。客從而笑之。事畢，富子諫曰：「夫大國之人，不可不慎也，幾爲之笑，而不陵我？我皆有禮，夫猶鄙我。國而無禮，何以求榮？孔張失位，吾子之恥也。」子產怒曰：「發命之不衷，出令之不信，刑之頗類，獄之放紛，會朝之不敬，使命之不聽，取陵於大國，罷民而無功，罪及而弗知，僑之恥也。孔張，君之昆孫子孔之後也，執政之嗣也，爲嗣大夫；承命以使，周於諸侯；國人所尊，諸侯所知。立於朝而祀於家，有祿於國，有賦於軍，喪、祭有職，受脤、歸脤。其祭在廟，已有著位。在位數世，世守其業，而忘其所，僑焉得恥之？闢邪之人而皆及執政，是先王無刑罰也。子寧以他規我。」

宣子有環，其一在鄭商。宣子謁諸鄭伯，子產弗與，曰：「非官府之守器也，寡君不知。」子大叔、子羽謂子產曰：「韓子亦無幾求，晉國亦未可以貳。晉國、韓子不可偷也。若屬有讒人交鬭其間，鬼神而助之以興其兇怒，悔之何及？吾子何愛於一環，其以取憎於大國也？盍求而與之？」子產曰：「吾非偷晉而有二心，將終事之，是以弗與，忠信故也。僑聞君子非無賄之難，立而無令名之患。僑聞爲國非不能事大字小之難，無禮以定其位之患。夫大國之人令於小國，而皆獲其求，將何以給之？一共一否，爲罪滋大。大國之求，無禮以斥之，何饜之有？吾且爲鄙邑，則失位矣。若韓子奉命以使而求玉焉，貪淫甚矣，獨非罪乎？出一玉以起二罪，吾又失位，韓子成貪，將焉用之？且吾以玉賈罪，不亦銳乎？」

韓子買諸賈人，既成賈矣。商人曰：「必告君大夫！」韓子請諸子產曰：「日起請夫

環，執政弗義，弗敢復也。今買諸商人，商人曰『必以聞』，敢以爲請。」子產對曰：「昔我先君桓公與商人皆出自周，庸次比耦以艾殺此地，斬之蓬、蒿、藜、藋，而共處之；世有盟誓，以相信也，曰：『爾無我叛，我無强賈，毋或匄奪。爾有利市寶賄，我勿與知。』恃此質誓，故能相保以至於今。今吾子以好來辱，而謂敝邑强奪商人，是教敝邑背盟誓也，毋乃不可乎！吾子得玉，而失諸侯，必不爲也。若大國令，而共無藝，鄭鄙邑也，亦弗爲也。僑若獻玉，不知所成。敢私布之。」韓子辭玉，曰：「起不敏，敢求玉以徼二罪？敢辭之。」

夏四月，鄭六卿餞宣子於郊。宣子曰：「二三君子請皆賦，起亦以知鄭志。」子齹賦《野有蔓草》。宣子曰：「孺子善哉！吾有望矣。」子產賦鄭之《羔裘》。宣子曰：「起不堪也。」子大叔賦《褰裳》。宣子曰：「起在此，敢勤子至於他人乎？」子大叔拜。宣子曰：「善哉，子之言是！不有是事，其能終乎？」子游賦《風雨》。子旗賦《有女同車》。子柳賦《蘀兮》。宣子喜，曰：「鄭其庶乎！二三君子以君命貺起，賦不出鄭志，皆昵燕好也。二三君子，數世之主也，可以無懼矣。」宣子皆獻馬焉，而賦《我將》。子產拜，使五卿皆拜，曰：「吾子靖亂，敢不拜德！」宣子私覲於子產以玉與馬，曰：「子命起舍夫玉，是賜我玉而免吾死也，敢不藉手以拜！」

公至自晉，子服昭伯語季平子曰：「晉之公室其將遂卑矣。君幼弱，六卿彊而奢傲，將因是以習，習實爲常，能無卑乎！」平子曰：「爾幼，惡識國？」

秋八月，晉昭公卒。

九月，大雩，旱也。鄭大旱，使屠擊、祝款、豎柎有事於桑山。斬其木，不雨。子產曰：「有事於山，蓺山林也；而斬其木，其罪大矣。」奪之官邑。

冬十月，季平子如晉葬昭公。平子曰：「子服回之言猶信。子服氏有子哉！」

經（昭公十七年）

十有七年春，小邾子來朝。

夏六月甲戌朔，日有食之。

秋，郯子來朝。

八月，晉荀吳帥師滅陸渾之戎。

冬，有星孛於大辰。

楚人及吳戰於長岸。

傳（昭公十七年）

十七年春，小邾穆公來朝，公與之燕。季平子賦《采叔》，穆公賦《菁菁者莪》。昭子曰：「不有以國，其能久乎？」

夏六月甲戌朔，日有食之。祝史請所用幣。昭子曰：「日有食之，天子不舉，伐鼓於社；諸侯用幣於社，伐鼓於朝，禮也。」平子禦之，曰：「止也。唯正月朔，慝未作，日有食之，於是乎有伐鼓用幣，禮也。其餘則否。」大史曰：「在此月也。日過分而未

六月，邾人入鄅。

秋，葬曹平公。

冬，許遷於白羽。

傳（昭公十八年）

十八年春王二月乙卯，周毛得殺毛伯過而代之。萇弘曰：「毛得必亡。是昆吾稔之日也，侈故之以。而毛得以濟侈於王都，不亡，何待？」

三月，曹平公卒。

夏五月，火始昏見。丙子，風。梓慎曰：「是謂融風，火之始也；七日，其火作乎！」戊寅，風甚。壬午，大甚。宋、衛、陳、鄭皆火。梓慎登大庭氏之庫以望之，曰：「宋、衛、陳、鄭也。」數日皆來告火。裨竈曰：「不用吾言，鄭又將火。」鄭人請用之，子產不可。子大叔曰：「寶以保民也，若有火，國幾亡。可以救亡，子何愛焉？」子產曰：「天道遠，人道邇，非所及也，何以知之？竈焉知天道？是亦多言矣，豈不或信？」遂不與。亦不復火。

鄭之未災也，里析告子產曰：「將有大祥，民震動，國幾亡。吾身泯焉，弗良及也。國遷，其可乎？」子產曰：「雖可，吾不足以定遷矣。」及火，里析死矣，未葬，子產使輿三十人遷其柩。火作，子產辭晉公子、公孫於東門，使司寇出新客，禁舊客勿出於宮。使子寬、子上巡羣屏攝，至於大宮。使公孫登徙大龜，使祝史徙主祏於周廟，告於先君。使府人、庫人各儆其事。商成公儆司宮，出舊宮人，寘諸火所不及。司馬、司寇列居火道，行火所焮。城下之人伍列登城。明日，使野司寇各保其徵，郊人助祝史除於國北，禳火於玄冥、回祿，祈於四墉。書焚室而寬其徵，與之材。三日哭，國不市。使行人告於諸侯。宋、衛皆如是。陳不救火，許不弔災，君子是以知陳、許之先亡也。

六月，鄅人藉稻，邾人襲鄅。鄅人將閉門，邾人羊羅攝其首焉，遂入之，盡俘以歸。鄅子曰：「余無歸矣。」從帑於邾，邾莊公反鄅夫人，而舍其女。

秋，葬曹平公。往者見周原伯魯焉，與之語，不說學。歸以語閔子馬。閔子馬曰：「周其亂乎！夫必多有是說，而後及其大人。大人患失而惑，又曰：『可以無學，無學不害。』不害而不學，則苟而可，於是乎下陵上替，能無亂乎？夫學，殖也。不學將落，原氏其亡乎！」

七月，鄭子產爲火故，大爲社，祓禳於四方，振除火災，禮也。乃簡兵大蒐，將爲蒐除。子大叔之廟在道南，其寢在道北，其庭小，過期三日，使除徒陳於道南廟北，曰：「子產過女，而命速除，乃毀於而鄉。」子產朝，過而怒之。除者南毀。子產及沖，使從者止之曰：「毀於北方。」

火之作也，子產授兵登陴。子大叔曰：「晉無乃討乎？」子產曰：「吾聞之：小國忘守則危，況有災乎？國之不可小，有備故也。」既，晉之邊吏讓鄭曰：「鄭國有災，晉君、大夫不敢寧居，卜筮走望，不愛牲玉。鄭之有災，寡君之憂也。今執事撊然授兵登陴，將以誰罪？邊人恐懼，不敢不告。」子產對曰：「若吾子之言，敝邑之災，君之憂也。敝邑失政，天降之災，又懼讒慝之間謀之，以啓貪人，荐爲敝邑不利，以重君之

憂。幸而不亡，猶可説也；不幸而亡，君雖憂之，亦無及也。鄭有他竟，望走在晉。既事晉矣，其敢有二心？」

楚左尹王子勝言於楚子曰：「許於鄭，讎敵也，而居楚地，以不禮於鄭。晉、鄭方睦，鄭若伐許，而晉助之，楚喪地矣。君盍遷許。許不專於楚，鄭方有令政，許曰：『余舊國也。』鄭曰：『余俘邑也。』葉在楚國，方城外之蔽也。土不可易，國不可小，許不可俘，讎不可啓，君其圖之！」楚子説。冬，楚子使王子勝遷許於析，實白羽。

經（昭公十九年）

十有九年春，宋公伐邾。

夏五月戊辰，許世子止弑其君買。

己卯，地震。

秋，齊高發帥師伐莒。

冬，葬許悼公。

傳（昭公十九年）

十九年春，楚工尹赤遷陰於下陰，令尹子瑕城郟。叔孫昭子曰：「楚不在諸侯矣，其僅自完也，以持其世而已。」

楚子之在蔡也，郹陽封人之女奔之，生大子建。及即位，使伍奢爲之師，費無極爲少師，無寵焉，欲譖諸王，曰：「建可室矣。」王爲之聘於秦，無極與逆，勸王取之。正月，楚夫人嬴氏至自秦。

鄖夫人，宋向戌之女也，故向寧請師。二月，宋公伐邾，圍蟲。三月，取之，乃盡歸鄖俘。

夏，許悼公瘧。五月戊辰，飲大子止之藥卒。大子奔晉。書曰「弑其君」，君子曰：「盡心力以事君，舍藥物可也。」

邾人、郳人、徐人會宋公。乙亥，同盟於蟲。

楚子爲舟師以伐濮。費無極言於楚子曰：「晉之伯也，邇於諸夏；而楚辟陋，故弗能與爭。若大城城父，而寘大子焉，以通北方，王收南方，是得天下也。」王説，從之。故大子建居於城父。令尹子瑕聘於秦，拜夫人也。

秋，齊高發帥師伐莒。莒子奔紀鄣。使孫書伐之。初，莒有婦人，莒子殺其夫，已爲嫠婦。及老，託於紀鄣，紡焉以度而去之。及師至，則投諸外。或獻諸子占，子占使師夜縋而登。登者六十人，縋絶。師鼓譟，城上之人亦譟。莒共公懼，啓西門而出。七月丙子，齊師入紀。

是歲也，鄭駟偃卒。子游娶於晉大夫，生絲，弱，其父兄立子瑕。子産憎其爲人也，且以爲不順，弗許，亦弗止。駟氏聳。他日，絲以告其舅。冬，晉人使以幣如鄭，問駟乞之立故。駟氏懼，駟乞欲逃，子産弗遣；請龜以卜，亦弗予。大夫謀對，子産不待而對客曰：「鄭國不天，寡君之二三臣札瘥夭昏，今又喪我先大夫偃。其子幼弱，其一二父兄懼隊宗主，私族於謀，而立長親。寡君與其二三老曰：『抑天實剥亂是，吾何

知焉？』諺曰：『無過亂門』，民有亂兵，猶憚過之，而況敢知天之所亂？今大夫將問其故，抑寡君實不敢知，其誰實知之？平丘之會，君尋舊盟曰：『無或失職！』若寡君之二三臣，其即世者，晉大夫而專制其位，是晉之縣鄙也，何國之爲？」辭客幣而報其使，晉人舍之。

楚人城州來，沈尹戌曰：「楚人必敗。昔吳滅州來，子旗請伐之。王曰：『吾未撫吾民。』今亦如之，而城州來以挑吳，能無敗乎？」侍者曰：「王施舍不倦，息民五年，可謂撫之矣。」戌曰：「吾聞撫民者，節用於內，而樹德於外，民樂其性，而無寇讎。今宮室無量，民人日駭，勞罷死轉，忘寢與食，非撫之也。」

鄭大水，龍鬬於時門之外洧淵，國人請爲禜焉。子產弗許，曰：「我鬬，龍不我覿也；龍鬬，我獨何覿焉？禳之，則彼其室也。吾無求於龍，龍亦無求於我。」乃止也。

令尹子瑕言蹶由於楚子，曰：「彼何罪？諺所謂『室於怒市於色』者，楚之謂矣。舍前之忿可也。」乃歸蹶由。

經（昭公二十年）

二十年春王正月。

夏，曹公孫會自鄸出奔宋。

秋，盜殺衛侯之兄縶。

冬十月，宋華亥、向寧、華定出奔陳。

十有一月辛卯，蔡侯廬卒。

傳（昭公二十年）

二十年春王二月己丑，日南至。梓慎望氛，曰：「今茲宋有亂，國幾亡，三年而後弭。蔡有大喪。」叔孫昭子曰：「然則戴、桓也。汰侈，無禮已甚，亂所在也。」

費無極言於楚子曰：「建與伍奢將以方城之外叛，自以爲猶宋、鄭也，齊、晉又交輔之，將以害楚，其事集矣。」王信之，問伍奢。伍奢對曰：「君一過多矣，何信於讒？」王執伍奢，使城父司馬奮揚殺大子。未至，而使遣之。三月，大子建奔宋。王召奮揚，奮揚使城父人執己以至。王曰：「言出於余口，入於爾耳，誰告建也？」對曰：「臣告之。君王命臣曰：『事建如事余。』臣不佞，不能苟貳。奉初以還，不忍後命，故遣之。既而悔之，亦無及已。」王曰：「而敢來，何也？」對曰：「使而失命，召而不來，是再奸也。逃無所入。」王曰：「歸，從政如他日。」

無極曰：「奢之子材，若在吳，必憂楚國，盍以免其父召之。彼仁，必來。不然，將爲患。」王使召之曰：「來，吾免而父。」棠君尚謂其弟員曰：「爾適吳，我將歸死。吾知不逮，我能死，爾能報。聞免父之命，不可以莫之奔也；親戚爲戮，不可以莫之報也。奔死免父，孝也；度功而行，仁也；擇任而往，知也；知死不辟，勇也。父不可棄，名不可廢，爾其勉之！相從爲愈。」伍尚歸。奢聞員不來，曰：「楚君、大夫其旰食乎！」楚人皆殺之。員如吳，言伐楚之利於州於。公子光曰：「是宗爲戮，而欲反其讎，不可從也。」員曰：「彼將有他志，余姑爲之求士，而鄙以待之。」乃見鱄設諸焉，

而耕於鄙。

宋元公無信多私，而惡華、向。華定、華亥與向寧謀曰：「亡愈於死，先諸？」華亥僞有疾，以誘羣公子。公子問之，則執之。夏六月丙申，殺公子寅、公子禦戎、公子朱、公子固、公孫援、公孫丁，拘向勝、向行於其廩。公如華氏請焉，弗許，遂劫之。癸卯，取大子欒與母弟辰、公子地以爲質。公亦取華亥之子無戚、向寧之子羅、華定之子啓，與華氏盟，以爲質。

衞公孟縶狎齊豹，奪之司寇與鄄。有役則反之，無則取之。公孟惡北宫喜、褚師圃，欲去之。公子朝通於襄夫人宣姜，懼而欲以作亂。故齊豹、北宫喜、褚師圃、公子朝作亂。

初，齊豹見宗魯於公孟，爲驂乘焉。將作亂，而謂之曰：「公孟之不善，子所知也，勿與乘，吾將殺之。」對曰：「吾由子事公孟，子假吾名焉，故不吾遠也。雖其不善，吾亦知之；抑以利故，不能去，是吾過也。今聞難而逃，是僭子也。子行事乎，吾將死之，以周事子；而歸死於公孟，其可也。」

丙辰，衞侯在平壽。公孟有事於蓋獲之門外，齊子氏帷於門外，而伏甲焉。使祝鼃寘戈於車薪以當門，使一乘從公孟以出；使華齊御公孟，宗魯驂乘。及閎中，齊氏用戈擊公孟，宗魯以背蔽之，斷肱，以中公孟之肩。皆殺之。

公聞亂，乘驅自閱門入。慶比御公，公南楚驂乘。使華寅乘貳車。及公宫，鴻駵魋駟乘於公。公載寶以出。褚師子申遇公於馬路之衢，遂從。過齊氏，使華寅肉袒，執蓋以當其闕，齊氏射公，中南楚之背，公遂出。寅閉郭門，踰而從公。公如死鳥。析朱鉏宵從竇出，徒行從公。

齊侯使公孫青聘於衞。既出，聞衞亂，使請所聘。公曰：「猶在竟内，則衞君也。」乃將事焉，遂從諸死鳥。請將事。辭曰：「亡人不佞，失守社稷，越在草莽，吾子無所辱君命。」賓曰：「寡君命下臣於朝曰：『阿下執事。』臣不敢貳。」主人曰：「君若惠顧先君之好，照臨敝邑，鎮撫其社稷，則有宗祧在。」乃止。衞侯固請見之。不獲命，以其良馬見，爲未致使故也。衞侯以爲乘馬。賓將掫，主人辭曰：「亡人之憂，不可以及吾子；草莽之中，不足以辱從者。敢辭。」賓曰：「寡君之下臣，君之牧圉也。若不獲捍外役，是不有寡君也。臣懼不免於戾，請以除死。」親執鐸，終夕與於燎。

齊氏之宰渠子召北宫子。北宫氏之宰不與聞，謀殺渠子，遂伐齊氏，滅之。丁巳晦，公入，與北宫喜盟於彭水之上。秋七月戊午朔，遂盟國人。八月辛亥，公子朝、褚師圃、子玉霄、子高魴出奔晉。閏月戊辰，殺宣姜。衞侯賜北宫喜謚曰「貞子」，賜析朱鉏謚曰「成子」，而以齊氏之墓予之。衞侯告寧於齊，且言子石。齊侯將飲酒，遍賜大夫曰：「二三子之教也。」苑何忌辭，曰：「與於青之賞，必及於其罰。在《康誥》曰：『父子兄弟，罪不相及』，況在羣臣？臣敢貪君賜以干先王？」

琴張聞宗魯死，將往弔之。仲尼曰：「齊豹之盜，而孟縶之賊，女何弔焉？君子不食奸，不受亂，不爲利疚於回，不以回待人，不蓋不義，不犯非禮。」

宋華、向之亂，公子城、公孫忌、樂舍、司馬彊、向宜、向鄭、楚

如味，一氣，二體，三類，四物，五聲，六律，七音，八風，九歌，以相成也；清濁、小大，短長、疾徐，哀樂、剛柔，遲速、高下，出入、周疏，以相濟也。君子聽之，以平其心。心平，德和。故《詩》曰：『德音不瑕。』今據不然。君所謂可，據亦曰可；君所謂否，據亦曰否。若以水濟水，誰能食之？若琴瑟之專壹，誰能聽之？同之不可也如是。」

飲酒樂。公曰：「古而無死，其樂若何！」晏子對曰：「古而無死，則古之樂也，君何得焉？昔爽鳩氏始居此地，季萴因之，有逢伯陵因之，蒲姑氏因之，而後大公因之。古若無死，爽鳩氏之樂，非君所願也。」

鄭子產有疾，謂子大叔曰：「我死，子必爲政。唯有德者能以寬服民，其次莫如猛。夫火烈，民望而畏之，故鮮死焉；水懦弱，民狎而玩之，則多死焉，故寬難。」疾數月而卒。

大叔爲政，不忍猛而寬。鄭國多盜，取人於萑苻之澤。大叔悔之，曰：「吾早從夫子，不及此。」興徒兵以攻萑苻之盜，盡殺之，盜少止。

仲尼曰：「善哉！政寬則民慢，慢則糾之以猛。猛則民殘，殘則施之以寬。寬以濟猛，猛以濟寬，政是以和。《詩》曰：『民亦勞止，汔可小康；惠此中國，以綏四方』，施之以寬也。『毋從詭隨，以謹無良；式遏寇虐，慘不畏明』，糾之以猛也。『柔遠能邇，以定我王』，平之以和也。又曰：『不競不絿，不剛不柔，布政優優，百祿是遒』，和之至也。」及子產卒，仲尼聞之，出涕曰：「古之遺愛也。」

經（昭公二十一年）

二十有一年春王三月，葬蔡平公。

夏，晉侯使士鞅來聘。

宋華亥、向寧、華定自陳入於宋南里以叛。

秋七月壬午朔，日有食之。

八月乙亥，叔輒卒。

冬，蔡侯朱出奔楚。

公如晉，至河乃復。

傳（昭公二十一年）

二十一年春，天王將鑄無射，泠州鳩曰：「王其以心疾死乎！夫樂，天子之職也。夫音，樂之輿也；而鐘，音之器也。天子省風以作樂，器以鐘之，輿以行之。小者不窕，大者不摦，則和於物。物和則嘉成。故和聲入於耳而藏於心，心億則樂。窕則不咸，摦則不容，心是以感，感實生疾。今鐘摦矣，王心弗堪，其能久乎！」

三月，葬蔡平公。蔡大子朱失位，位在卑。大夫送葬者，歸見昭子。昭子問蔡故，以告。昭子嘆曰：「蔡其亡乎！若不亡，是君也必不終。《詩》曰：『不解於位，民之攸塈。』今蔡侯始即位，而適卑，身將從之。」

夏，晉士鞅來聘，叔孫爲政。季孫欲惡諸晉，使有司以齊鮑國歸費之禮爲士鞅。士鞅怒，曰：「鮑國之位下，其國小，而使鞅從其牢禮，是卑敝邑也，將復諸寡君。」魯

人恐，加四牢焉，爲十一牢。

宋華費遂生華貙、華多僚、華登。貙爲少司馬，多僚爲御士，與貙相惡，乃譖諸公曰：「貙將納亡人。」亟言之。公曰：「司馬以吾故，亡其良子。死亡有命，吾不可以再亡之。」對曰：「君若愛司馬，則如亡。死如可逃，何遠之有？」公懼，使侍人召司馬之侍人宜僚，飲之酒，而使告司馬。司馬嘆曰：「必多僚也。吾有讒子，而弗能殺，吾又不死。抑君有命，可若何？」乃與公謀逐華貙，將使田孟諸而遣之。公飲之酒，厚酬之，賜及從者。司馬亦如之。張匄尤之，曰：「必有故。」使子皮承宜僚以劍而訊之。宜僚盡以告。張匄欲殺多僚。子皮曰：「司馬老矣，登之謂甚，吾又重之，不如亡也。」五月丙申，子皮將見司馬而行，則遇多僚御司馬而朝。張匄不勝其怒，遂與子皮、臼任、鄭翩殺多僚，劫司馬以叛，而召亡人。壬寅，華、向入。樂大心、豐愆、華牼御諸橫。華氏居盧門，以南里叛。六月庚午，宋城舊墉及桑林之門而守之。

秋七月壬午朔，日有食之。公問於梓慎曰：「是何物也？禍福何爲？」對曰：「二至二分，日有食之，不爲災。日月之行也，分，同道也；至，相過也。其它月則爲災，陽不克也，故常爲水。」於是叔輒哭日食。昭子曰：「子叔將死，非所哭也。」八月，叔輒卒。

冬十月，華登以吳師救華氏。齊烏枝鳴戍宋。廚人濮曰：「《軍志》有之：『先人有奪人之心，後人有待其衰。』盍及其勞且未定也伐諸！若入而固，則華氏衆矣，悔無及也。」從之。丙寅，齊師、宋師敗吳師於鴻口，獲其二帥公子苦雂、偃州員。華登帥其餘以敗宋師。公欲出，廚人濮曰：「吾小人，可藉死，而不能送亡，君請待之。」乃徇曰：「揚徽者，公徒也。」衆從之。公自揚門見之，下而巡之，曰：「國亡君死，二三子之恥也，豈專孤之罪也？」齊烏枝鳴曰：「用少莫如齊致死，齊致死莫如去備。彼多兵矣，請皆用劍。」從之。華氏北，復即之。廚人濮以裳裹首，而荷以走，曰：「得華登矣！」遂敗華氏於新里。翟僂新居於新里，既戰，說甲於公而歸。華妵居於公里，亦如之。

十一月癸未，公子城以晉師至。曹翰胡會晉荀吳、齊苑何忌、衛公子朝救宋。丙戌，與華氏戰於赭丘。鄭翩願爲鸛，其御願爲鵝。子祿御公子城，莊堇爲右。干犨御呂封人華豹，張匄爲右。相遇，城還。華豹曰：「城也！」城怒而反之。將注，豹則關矣。曰：「平公之靈，尚輔相余！」豹射，出其間。將注，則又關矣。曰：「不狎，鄙。」抽矢，城射之，殪。張匄抽殳而下，射之，折股。扶伏而擊之，折軫。又射之，死。干犨請一矢，城曰：「余言汝於君。」對曰：「不死伍乘，軍之大刑也。干刑而從子，君焉用之？子速諸！」乃射之，殪。大敗華氏，圍諸南里。華亥搏膺而呼，見華貙，曰：「吾爲欒氏矣！」貙曰：「子無我迋，不幸而後亡。」使華登如楚乞師，華貙以車十五乘、徒七十人犯師而出，食於睢上，哭而送之，乃復入。楚薳越帥師將逆華氏，大宰犯諫曰：「諸侯唯宋事其君。今又爭國，釋君而臣是助，無乃不可乎！」王曰：「而告我也後，既許之矣。」

蔡侯朱出奔楚。費無極取貨於東國，而謂蔡人曰：「朱不用命於楚，君王將立東國。

若不先從王欲，楚必圍蔡。」蔡人懼，出朱而立東國。朱愬於楚，楚子將討蔡。無極曰：「平侯與楚有盟，故封。其子有二心，故廢之。靈王殺隱大子，其子與君同惡，德君必甚。又使立之，不亦可乎？且廢置在君，蔡無他矣。」

公如晉，及河。鼓叛晉，晉將伐鮮虞，故辭公。

經（昭公二十二年）

二十有二年春，齊侯伐莒。

宋華亥、向寧、華定自宋南里出奔楚。

大蒐於昌間。

夏四月乙丑，天王崩。

六月，叔鞅如京師，葬景王。

王室亂。

劉子、單子以王猛居於皇。

秋，劉子、單子以王猛入於王城。

冬十月，王子猛卒。

十有二月癸酉朔，日有食之。

傳（昭公二十二年）

二十二年春王二月甲子，齊北郭啓帥師伐莒。莒子將戰，苑羊牧之諫曰：「齊帥賤，其求不多，不如下之，大國不可怒也。」弗聽，敗齊師於壽餘。齊侯伐莒，莒子行成。司馬竈如莒莅盟，莒子如齊莅盟，盟於稷門之外。莒於是乎大惡其君。

楚薳越使告於宋曰：「寡君聞君有不令之臣爲君憂，無寧以爲宗羞，寡君請受而戮之。」對曰：「孤不佞，不能媚於父兄，以爲君憂，拜命之辱。抑君臣日戰，君曰『余必臣是助』，亦唯命。人有言曰：『唯亂門之無過。』君若惠保敝邑，無亢不衷，以獎亂人，孤之望也。唯君圖之！」楚人患之。諸侯之戍謀曰：「若華氏知困而致死，楚恥無功而疾戰，非吾利也。不如出之，以爲楚功，其亦無能爲也已。救宋而除其害，又何求？」乃固請出之，宋人從之。己巳，宋華亥、向寧、華定、華貙、華登、皇奄傷、省臧、士平出奔楚。宋公使公孫忌爲大司馬，邊卬爲大司徒，樂祁爲司城，仲幾爲左師，樂大心爲右師，樂挽爲大司寇，以靖國人。

王子朝、賓起有寵於景王，王與賓孟説之，欲立之。劉獻公之庶子伯蚠事單穆公，惡賓孟之爲人也，願殺之；又惡王子朝之言，以爲亂，願去之。賓孟適郊，見雄雞自斷其尾，問之。侍者曰：「自憚其犧也。」遽歸告王，且曰：「雞其憚爲人用乎！人異於是。犧者實用人，人犧實難，己犧何害？」王弗應。夏四月，王田北山，使公卿皆從，將殺單子、劉子。王有心疾，乙丑，崩於榮錡氏。戊辰，劉子摯卒，無子，單子立劉蚠。五月庚辰，見王，遂攻賓起，殺之，盟羣王子於單氏。

晉之取鼓也，既獻而反鼓子焉。又叛於鮮虞。六月，荀吳略東陽，使師僞糴者負甲以息於昔陽之門外，遂襲鼓，滅之，以鼓子鳶鞮歸，使涉佗守之。

丁巳，葬景王。王子朝因舊官、百工之喪職秩者與靈、景之族以作亂。帥郊、要、餞之甲，以逐劉子。壬戌，劉子奔揚。單子逆悼王於莊宮以歸。王子還夜取王以如莊宮。癸亥，單子出。王子還與召莊公謀曰：「不殺單旂，不捷。與之重盟，必來。背盟而克者多矣。」從之。樊頃子曰：「非言也，必不克。」遂奉王以追單子，及領，大盟而復。殺摯荒以説。劉子如劉，單子亡。乙丑，奔於平時。羣王子追之，單子殺還、姑、發、弱、鬷、延、定、稠，子朝奔京。丙寅，伐之。京人奔山。劉子入於王城。辛未，鞏簡公敗績於京。乙亥，甘平公亦敗焉。

叔鞅至自京師，言王室之亂也。閔馬父曰：「子朝必不克。其所與者，天所廢也。」單子欲告急於晉。秋七月戊寅，以王如平時，遂如圃車，次於皇。劉子如劉。單子使王子處守於王城。盟百工於平宮。辛卯，鄩肸伐皇。大敗，獲鄩肸。壬辰，焚諸王城之市。八月辛酉，司徒醜以王師敗績於前城。百工叛。己巳，伐單氏之宮，敗焉。庚午，反伐之。辛未，伐東圉。冬十月丁巳，晉籍談、荀躒帥九州島之戎及焦、瑕、温、原之師，以納王於王城。庚申，單子、劉蚠以王師敗績於郊，前城人敗陸渾於社。十一月乙酉，王子猛卒。不成喪也。己丑，敬王即位。館於子旅氏。十二月庚戌，晉籍談、荀躒、賈辛、司馬督帥師軍於陰，於侯氏，於溪泉，次於社。王師軍於氾，於解，次於任人。閏月，晉箕遺、樂徵、右行詭濟師取前城，軍其東南。王師軍於京楚。辛丑，伐京，毁其西南。

經（昭公二十三年）

二十有三年春王正月，叔孫婼如晉。

癸丑，叔鞅卒。

晉人執我行人叔孫婼。

晉人圍郊。

夏六月，蔡侯東國卒於楚。

秋七月，莒子庚輿來奔。

戊辰，吴敗頓、胡、沈、蔡、陳、許之師於雞父。胡子髡、沈子逞滅，獲陳夏齧。

天王居於狄泉。尹氏立王子朝。

八月乙未，地震。

冬，公如晉，至河，有疾，乃復。

傳（昭公二十三年）

二十三年春王正月壬寅朔，二師圍郊。癸卯，郊、鄩潰。丁未，晉師在平陰，王師在澤邑。王使告間，庚戌，還。

邾人城翼，還，將自離姑。公孫鉏曰：「魯將御我。」欲自武城還，循山而南。徐鉏、丘弱、茅地曰：「道下，遇雨，將不出，是不歸也。」遂自離姑。武城人塞其前，斷其後之木而弗殊，邾師過之，乃推而蹷之，遂取邾師，獲鉏、弱、地。邾人愬於晉，晉人來討。叔孫婼如晉，晉人執之。書曰「晉人執我行人叔孫婼」，言使人也。晉人使

與郲大夫坐，叔孫曰：「列國之卿當小國之君，固周制也。邾又夷也。寡君之命介子服回在，請使當之，不敢廢周制故也。」乃不果坐。

韓宣子使邾人聚其衆，將以叔孫與之。叔孫聞之，去衆與兵而朝。士彌牟謂韓宣子曰：「子弗良圖，而以叔孫與其讎，叔孫必死之。魯亡叔孫，必亡邾。邾君亡國，將焉歸？子雖悔之，何及？所謂盟主，討違命也。若皆相執，焉用盟主？」乃弗與。使各居一館。士伯聽其辭，而愬諸宣子，乃皆執之。士伯御叔孫，從者四人，過邾館以如吏。先歸邾子。士伯曰：「以芻蕘之難，從者之病，將館子於都。」叔孫旦而立，期焉。乃館諸箕。舍子服昭伯於他邑。

范獻子求貨於叔孫，使請冠焉。取其冠法而與之兩冠，曰：「盡矣。」爲叔孫故，申豐以貨如晉。叔孫曰：「見我，吾告女所行貨。」見而不出。吏人之與叔孫居於箕者，請其吠狗，弗與。及將歸，殺而與之食之。叔孫所館者，雖一日，必葺其牆屋，去之如始至。

夏四月乙酉，單子取訾，劉子取牆人、直人。六月壬午，王子朝入於尹。癸未，尹圉誘劉佗殺之。丙戌，單子從阪道，劉子從尹道伐尹。單子先至而敗，劉子還。己丑，召伯奐、南宮極以成周人戍尹。庚寅，單子、劉子、樊齊以王如劉。甲午，王子朝入於王城，次於左巷。秋七月戊申，鄩羅納諸莊宮。尹辛敗劉師於唐。丙辰，又敗諸鄩。甲子，尹辛取西闈。丙寅，攻蒯，蒯潰。

莒子庚輿虐而好劍。苟鑄劍，必試諸人。國人患之。又將叛齊。烏存帥國人以逐之。庚輿將出，聞烏存執殳而立於道左，懼，將止死。苑羊牧之曰：「君過之！烏存以力聞可矣，何必以弒君成名？」遂來奔。齊人納郊公。

吴人伐州來，楚薳越帥師，及諸侯之師，奔命救州來。吴人禦諸鍾離，子瑕卒，楚師熸。吴公子光曰：「諸侯從於楚者衆，而皆小國也，畏楚而不獲已，是以來。吾聞之曰：『作事威克其愛，雖小必濟。』胡、沈之君幼而狂，陳大夫齧壯而頑，頓與許、蔡疾楚政。楚令尹死，其師熸。帥賤、多寵，政令不壹。七國同役而不同心，帥賤而不能整，無大威命，楚可敗也。若分師先以犯胡、沈與陳，必先奔。三國敗，諸侯之師乃搖心矣。諸侯乖亂，楚必大奔。請先者去備薄威，後者敦陳整旅。」吴子從之。戊辰晦，戰於雞父。吴子以罪人三千先犯胡、沈與陳，三國爭之。吴爲三軍以繫於後，中軍從王，光帥右，掩餘帥左。吴之罪人或奔或止，三國亂，吴師擊之，三國敗，獲胡、沈之君及陳大夫。舍胡、沈之囚使奔許與蔡、頓，曰：「吾君死矣！」師譟而從之，三國奔，楚師大奔。書曰「胡子髡、沈子逞滅，獲陳夏齧」，君臣之辭也。不言戰，楚未陳也。

八月丁酉，南宮極震。萇弘謂劉文公曰：「君其勉之！先君之力可濟也。周之亡也，其三川震。今西王之大臣亦震，天棄之矣。東王必大克。」

楚大子建之母在郹，召吴人而啓之。冬十月甲申，吴大子諸樊入郹，取楚夫人與其寶器以歸。楚司馬薳越追之，不及。將死，衆曰：「請遂伐吴以徼之。」薳越曰：「再敗君師，死且有罪。亡君夫人，不可以莫之死也。」乃縊於薳澨。

公爲叔孫故如晉，及河，有疾，而復。

楚囊瓦爲令尹，城郢。沈尹戌曰：「子常必亡郢。苟不能衞，城無益也。古者，天子守在四夷；天子卑，守在諸侯。諸侯守在四鄰；諸侯卑，守在四竟。慎其四竟，結其四援，民狎其野，三務成功。民無內憂，而又無外懼，國焉用城？今吴是懼，而城於郢，守已小矣。卑之不獲，能無亡乎？昔梁伯溝其公宮而民潰，民棄其上，不亡，何待？夫正其疆埸，修其土田，險其走集，親其民人，明其伍候，信其鄰國，慎其官守，守其交禮，不僭不貪，不懦不耆，完其守備，以待不虞，又何畏矣？《詩》曰：『無念爾祖，聿修厥德。』無亦監乎若敖、蚡冒至於武、文，土不過同，慎其四竟，猶不城郢。今土數圻，而郢是城，不亦難乎？」

經（昭公二十四年）

二十有四年春王二月丙戌，仲孫貜卒。

婼至自晉。

夏五月乙未朔，日有食之。

秋八月，大雩。

丁酉，杞伯鬱釐卒。

冬，吴滅巢。

葬杞平公。

傳（昭公二十四年）

二十四年春王正月辛丑，召簡公、南宮嚚以甘桓公見王子朝。劉子謂萇弘曰：「甘氏又往矣。」對曰：「何害？同德度義。《大誓》曰：『紂有億兆夷人，亦有離德；余有亂臣十人，同心同德』，此周所以興也。君其務德，無患無人。」戊午，王子朝入於鄔。

晉士彌牟逆叔孫於箕。叔孫使梁其踁待於門內，曰：「余左顧而欬，乃殺之。右顧而笑，乃止。」叔孫見士伯。士伯曰：「寡君以爲盟主之故，是以久子。不腆敝邑之禮，將致諸從者，使彌牟逆吾子。」叔孫受禮而歸。二月，「婼至自晉」，尊晉也。

三月庚戌，晉侯使士景伯莅問周故。士伯立於乾祭，而問於介衆。晉人乃辭王子朝，不納其使。

夏五月乙未朔，日有食之。梓慎曰：「將水。」昭子曰：「旱也。日過分而陽猶不克，克必甚，能無旱乎？陽不克莫，將積聚也。」

六月壬申，王子朝之師攻瑕及杏，皆潰。

鄭伯如晉，子大叔相，見范獻子。獻子曰：「若王室何？」對曰：「老夫其國家不能恤，敢及王室？抑人亦有言曰：『嫠不恤其緯，而憂宗周之隕，爲將及焉。』今王室實蠢蠢焉，吾小國懼矣；然大國之憂也，吾儕何知焉？吾子其早圖之！《詩》曰：『缾之罄矣，惟罍之恥。』王室之不寧，晉之恥也。」獻子懼，而與宣子圖之。乃徵會於諸侯，期以明年。

秋八月，大雩，旱也。

冬十月癸酉，王子朝用成周之寶珪沈於河。甲戌，津人得諸河上。陰不佞以溫人南

侵，拘得玉者，取其玉。將賣之，則爲石。王定而獻之，與之東訾。

楚子爲舟師以略吳疆。沈尹戌曰：「此行也，楚必亡邑。不撫民而勞之，吳不動而速之，吳踵楚，而疆場無備，邑能無亡乎？」越大夫胥犴勞王於豫章之汭，越公子倉歸王乘舟。倉及壽夢帥師從王，王及圉陽而還。吳人踵楚，而邊人不備，遂滅巢及鍾離而還。沈尹戌曰：「亡郢之始於此在矣。王一動而亡二姓之帥，幾如是而不及郢？《詩》曰：『誰生厲階？至今爲梗』，其王之謂乎！」

經（昭公二十五年）

二十有五年春，叔孫婼如宋。

夏，叔詣會晉趙鞅、宋樂大心、衛北宮喜、鄭游吉、曹人、邾人、滕人、薛人、小邾人於黃父。

有鸜鵒來巢。

秋七月上辛，大雩；季辛，又雩。

九月己亥，公孫於齊，次於陽州。齊侯唁公於野井。

冬十月戊辰，叔孫婼卒。

十有一月己亥，宋公佐卒於曲棘。

十有二月，齊侯取鄆。

傳（昭公二十五年）

二十五年春，叔孫婼聘於宋，桐門右師見之。語，卑宋大夫而賤司城氏。昭子告其人曰：「右師其亡乎！君子貴其身，而後能及人，是以有禮。今夫子卑其大夫而賤其宗，是賤其身也，能有禮乎？無禮，必亡。」宋公享昭子，賦《新宮》。昭子賦《車轄》。明日宴，飲酒樂，宋公使昭子右坐語相泣也。樂祁佐，退而告人曰：「今茲君與叔孫其皆死乎！吾聞之：『哀樂而樂哀，皆喪心也。』心之精爽，是謂魂魄。魂魄去之，何以能久？」

季公若之姊爲小邾夫人，生宋元夫人，生子，以妻季平子。昭子如宋聘，且逆之。公若從，謂曹氏勿與，魯將逐之。曹氏告公。公告樂祁。樂祁曰：「與之。如是，魯君必出。政在季氏三世矣，魯君喪政四公矣。無民而能逞其志者，未之有也，國君是以鎮撫其民。《詩》曰：『人之云亡，心之憂矣。』魯君失民矣，焉得逞其志？靖以待命猶可，動必憂。」

夏，會於黃父，謀王室也。趙簡子令諸侯之大夫輸王粟，具戍人，曰：「明年將納王。」子大叔見趙簡子，簡子問揖讓、周旋之禮焉。對曰：「是儀也，非禮也。」簡子曰：「敢問，何謂禮？」對曰：「吉也聞諸先大夫子產曰：夫禮，天之經也，地之義也，民之行也。天地之經，而民實則之。則天之明，因地之性，生其六氣，用其五行。氣爲五味，發爲五色，章爲五聲。淫則昏亂，民失其性。是故爲禮以奉之：爲六畜、五牲、三犧，以奉五味；爲九文、六采、五章，以奉五色；爲九歌、八風、七音、六律，以奉

五聲。爲君臣上下，以則地義；爲夫婦外內，以經二物；爲父子、兄弟、姑姊甥舅、婚媾姻亞，以象天明，爲政事、庸力、行務，以從四時；爲刑罰威獄，使民畏忌，以類其震曜殺戮；爲温慈惠和，以效天之生殖長育。民有好惡、喜怒、哀樂，生於六氣，是故審則宜類，以制六志。哀有哭泣，樂有歌舞，喜有施舍，怒有戰鬬；喜生於好，怒生於惡。是故審行信令，禍福賞罰，以制死生。生，好物也；死，惡物也。好物，樂也；惡物，哀也。哀樂不失，乃能協於天地之性，是以長久。」簡子曰：「甚哉，禮之大也！」對曰：「禮，上下之紀、天地之經緯也，民之所以生也，是以先王尚之。故人之能自曲直以赴禮者，謂之成人。大，不亦宜乎！」簡子曰：「鞅也請終身守此言也。」

宋樂大心曰：「我不輸粟。我於周爲客，若之何使客？」晉士伯曰：「自踐土以來，宋何役之不會，而何盟之不同？曰『同恤王室』，子焉得辟之？子奉君命，以會大事，而宋背盟，無乃不可乎？」右師不敢對，受牒而退。士伯告簡子曰：「宋右師必亡。奉君命以使，而欲背盟以干盟主，無不祥大焉。」

「有鸜鵒來巢」，書所無也。師己曰：「異哉！吾聞文、成之世，童謠有之曰：『鸜之鵒之，公出辱之。鸜鵒之羽，公在外野，往饋之馬。鸜鵒跦跦，公在乾侯，徵褰與襦。鸜鵒之巢，遠哉遥遥，稠父喪勞，宋父以驕。鸜鵒鸜鵒，往歌來哭。』童謠有是。今鸜鵒來巢，其將及乎！」

秋，書再雩，旱甚也。

初，季公鳥娶妻於齊鮑文子，生甲。公鳥死，季公亥與公思展與公鳥之臣申夜姑相其室。及季姒與饔人檀通，而懼，乃使其妾抶己，以示秦遄之妻，曰：「公若欲使余，余不可而抶余。」又訴於公甫曰：「展與夜姑將要余。」秦姬以告公之。公之與公甫告平子，平子拘展於卞，而執夜姑，將殺之。公若泣而哀之，曰：「殺是，是殺余也。」將爲之請，平子使豎勿內，日中不得；請。有司逆命，公之使速殺之。故公若怨平子。

季、郈之雞鬬。季氏介其雞，郈氏爲之金距。平子怒，益宫於郈氏，且讓之。故郈昭伯亦怨平子。

臧昭伯之從弟會爲讒於臧氏，而逃於季氏。臧氏執旃。平子怒，拘臧氏老。將禘於襄公，萬者二人，其衆萬於季氏。臧孫曰：「此之謂不能庸先君之廟。」大夫遂怨平子。

公若獻弓於公爲，且與之出射於外，而謀去季氏。公爲告公果、公賁。公果、公賁使侍人僚柤告公。公寢，將以戈擊之，乃走。公曰：「執之！」亦無命也。懼而不出，數月不見。公不怒。又使言，公執戈以懼之，乃走。又使言，公曰：「非小人之所及也。」公果自言，公以告臧孫。臧孫以難，告臧孫。臧孫以可，勸。告子家懿伯。懿伯曰：「讒人以君徼幸，事若不克，君受其名，不可爲也。舍民數世，以求克事，不可必也。且政在焉，其難圖也。」公退之。辭曰：「臣與聞命矣，言若洩，臣不獲死。」乃館於公宫。

叔孫昭子如闞，公居於長府。九月戊戌，伐季氏，殺公之於門，遂入之。平子登臺而請曰：「君不察臣之罪，使有司討臣以干戈，臣請待於沂上以察罪。」弗許。請囚於費，弗許。請以五乘亡，弗許。子家子曰：「君其許之！政自之出久矣，隱民多取食焉，

爲之徒者衆矣。日入慝作，弗可知也。衆怒不可蓄也，蓄而弗治，將蘊。蘊蓄，民將生心。生心，同求將合。君必悔之！」弗聽。郈孫曰：「必殺之。」

公使郈孫逆孟懿子。叔孫氏之司馬鬷戾言於其衆曰：「若之何？」莫對。又曰：「我，家臣也，不敢知國。凡有季氏與無，於我孰利？」皆曰：「無季氏，是無叔孫氏也。」鬷戾曰：「然則救諸！」帥徒以往，陷西北隅以入。公徒釋甲執冰而踞，遂逐之。孟氏使登西北隅，以望季氏。見叔孫氏之旌，以告。孟氏執郈昭伯，殺之於南門之西，遂伐公徒。子家子曰：「諸臣僞劫君者，而負罪以出，君止。意如之事君也，不敢不改。」公曰：「余不忍也。」與臧孫如墓謀，遂行。

己亥，公孫於齊，次於陽州。齊侯將唁公於平陰，公先至於野井。齊侯曰：「寡人之罪也。使有司待於平陰，爲近故也。」書曰「公孫於齊，次於陽州。齊侯唁公於野井」，禮也。將求於人，則先下之，禮之善物也。齊侯曰：「自莒疆以西，請致千社，以待君命。寡人將帥敝賦以從執事，唯命是聽。君之憂，寡人之憂也。」公喜。子家子曰：「天禄不再。天若胙君，不過周公。以魯足矣。失魯而以千社爲臣，誰與之立？且齊君無信，不如早之晉。」弗從。

臧昭伯率從者將盟，載書曰：「戮力壹心，好惡同之。信罪之有無，繾綣從公，無通外內！」以公命示子家子。子家子曰：「如此，吾不可以盟。羈也不佞，不能與二三子同心，而以爲皆有罪。或欲通外內，且欲去君。二三子好亡而惡定，焉可同也？陷君於難，罪孰大焉？通外內而去君，君將速入，弗通何爲？而何守焉？」乃不與盟。

昭子自闞歸，見平子。平子稽顙，曰：「子若我何？」昭子曰：「人誰不死？子以逐君成名，子孫不忘，不亦傷乎？將若子何？」平子曰：「苟使意如得改事君，所謂生死而肉骨也。」昭子從公於齊，與公言。子家子命適公館者執之。公與昭子言於幄內，曰：「將安衆而納公。」公徒將殺昭子，伏諸道。左師展告公。公使昭子自鑄歸。平子有異志。冬十月辛酉，昭子齊於其寢，使祝宗祈死。戊辰，卒。左師展將以公乘馬而歸，公徒執之。

壬申，尹文公涉於鞏，焚東訾，弗克。

十一月，宋元公將爲公故如晉，夢大子欒即位於廟，己與平公服而相之。旦，召六卿。公曰：「寡人不佞，不能事父兄，以爲二三子憂，寡人之罪也。若以羣子之靈，獲保首領以歿，唯是楄柎所以藉幹者，請無及先君。」仲幾對曰：「君若以社稷之故，私降暱宴，羣臣弗敢知。若夫宋國之法，死生之度，先君有命矣，羣臣以死守之，弗敢失隊。臣之失職，常刑不赦。臣不忍其死，君命祇辱。」宋公遂行。己亥，卒於曲棘。

十二月庚辰，齊侯圍鄆。

初，臧昭伯如晉，臧會竊其寶龜僂句，以卜爲信與僭，僭吉。臧氏老將如晉問，會請往。昭伯問家故，盡對。及內子與母弟叔孫，則不對。再三問，不對。歸，及郊，會逆。問，又如初。至，次於外而察之，皆無之。執而戮之，逸，奔郈。郈魴假使爲賈正焉。計於季氏，臧氏使五人以戈楯伏諸桐汝之閭，會出，逐之，反奔，執諸季氏中門之外。平子怒，曰：「何故以兵入吾門？」拘臧氏老。季、臧有惡。及昭伯從公，平子立

臧會。會曰：「僂句不余欺也。」

楚子使薳射城州屈，復茄人焉；城丘皇，遷訾人焉。使熊相禖郭巢，季然郭卷。子大叔聞之，曰：「楚王將死矣。使民不安其土，民必憂，憂將及王，弗能久矣。」

經（昭公二十六年）

二十有六年春王正月，葬宋元公。

三月，公至自齊，居於鄆。

夏，公圍成。

秋，公會齊侯、莒子、邾子、杞伯，盟於鄟陵。

公至自會，居於鄆。

九月庚申，楚子居卒。

冬十月，天王入於成周。尹氏、召伯、毛伯以王子朝奔楚。

傳（昭公二十六年）

二十六年春王正月庚申，齊侯取鄆。

葬宋元公，如先君，禮也。

三月，公至自齊，處於鄆，言魯地也。

夏，齊侯將納公，命無受魯貨。申豐從女賈，以幣錦二兩，縛一如瑱，適齊師，謂子猶之人高齮：「能貨子猶，爲高氏後，粟五千庾。」高齮以錦示子猶，子猶欲之。齮曰：「魯人買之，百兩一布。以道之不通，先入幣財。」子猶受之，言於齊侯曰：「羣臣不盡力於魯君者，非不能事君也。然據有異焉。宋元公爲魯君如晉，卒於曲棘；叔孫昭子求納其君，無疾而死。不知天之棄魯邪，抑魯君有罪於鬼神故及此也？君若待於曲棘，使羣臣從魯君以卜焉。若可，師有濟也，君而繼之，茲無敵矣。若其無成，君無辱焉。」齊侯從之，使公子鉏帥師從公。

成大夫公孫朝謂平子曰：「有都，以衞國也，請我受師。」許之。請納質，弗許，曰：「信女，足矣。」告於齊師曰：「孟氏，魯之敝室也。用成已甚，弗能忍也，請息肩於齊。」齊師圍成。成人伐齊師之飲馬於淄者，曰：「將以厭衆。」魯成備而後告曰：「不勝衆。」

師及齊師戰於炊鼻。齊子淵捷從洩聲子，射之，中楯瓦，繇朐汰輈，匕入者三寸。聲子射其馬，斬鞅，殪。改駕，人以爲鬷戾也，而助之。子車曰：「齊人也。」將擊子車，子車射之，殪。其御曰：「又之。」子車曰：「衆可懼也，而不可怒也。」子囊帶從野洩，叱之。洩曰：「軍無私怒，報乃私也，將亢子。」又叱之，亦叱之。冉豎射陳武子，中手，失弓而罵。以告平子曰：「有君子白皙鬒鬚眉，甚口。」平子曰：「必子彊也，無乃亢諸？」對曰：「謂之君子，何敢亢之？」林雍羞爲顏鳴右，下。苑何忌取其耳。顏鳴去之。苑子之御曰：「視下！」顧。苑子刜林雍，斷其足，鑋而乘於他車以歸。顏鳴三入齊師，呼曰：「林雍乘！」

四月，單子如晉告急。五月戊午，劉人敗王城之師於尸氏。戊辰，王城人、劉人戰

於施穀，劉師敗績。

秋，盟於鄩陵，謀納公也。

七月己巳，劉子以王出。庚午，次於渠。王城人焚劉。丙子，王宿於褚氏。丁丑，王次於萑穀。庚辰，王入於胥靡。辛巳，王次於滑。晉知躒、趙鞅帥師納王，使汝寬守闕塞。

九月，楚平王卒。令尹子常欲立子西，曰：「大子壬弱，其母非適也，王子建實聘之。子西長而好善。立長則順，建善則治。王順、國治，可不務乎？」子西怒曰：「是亂國而惡君王也。國有外援，不可瀆也；王有適嗣，不可亂也。敗親、速讎、亂嗣，不祥。我受其名。賂吾以天下，吾滋不從也，楚國何爲？必殺令尹！」令尹懼，乃立昭王。

冬十月丙申，王起師於滑。辛丑，在郊，遂次於尸。十一月辛酉，晉師克鞏。召伯盈逐王子朝，王子朝及召氏之族、毛伯得、尹氏固、南宮嚚奉周之典籍以奔楚。陰忌奔莒以叛。召伯逆王於尸，及劉子、單子盟。遂軍圉澤，次於堤上。癸酉，王入於成周。甲戌，盟於襄宮。晉師使成公般戍周而還。十二月癸未，王入於莊宮。

王子朝使告於諸侯曰：「昔武王克殷，成王靖四方，康王息民，並建母弟，以蕃屏周，亦曰：『吾無專享文、武之功，且爲後人之迷敗傾覆而溺入於難，則振救之。』至於夷王，王愆於厥身，諸侯莫不並走其望，以祈王身。至於厲王，王心戾虐，萬民弗忍，居王於彘。諸侯釋位，以間王政。宣王有志，而後效官。至於幽王，天不弔周，王昏不若，用愆厥位。攜王奸命，諸侯替之，而建王嗣，用遷郟鄏——則是兄弟之能用力於王室也。至於惠王，天不靖周，生頹禍心，施於叔帶。惠、襄辟難，越去王都。則有晉、鄭咸黜不端，以綏定王家。則是兄弟之能率先王之命也。在定王六年，秦人降妖，曰：『周其有髭王，亦克能修其職，諸侯服享，二世共職。王室其有間王位，諸侯不圖，而受其亂災。』至於靈王，生而有髭。王甚神聖，無惡於諸侯。靈王、景王克終其世。

「今王室亂，單旂、劉狄剝亂天下，壹行不若，謂『先王何常之有，唯余心所命，其誰敢討之』，帥羣不弔之人，以行亂於王室。侵欲無厭，規求無度，貫瀆鬼神，慢棄刑法，倍奸齊盟，傲很威儀，矯誣先王。晉爲不道，是攝是贊，思肆其罔極。茲不穀震盪播越，竄在荊蠻，未有攸底。若我一二兄弟甥舅獎順天法，無助狡猾，以從先王之命，毋速天罰，赦圖不穀，則所願也。敢盡布其腹心及先王之經，而諸侯實深圖之。昔先王之命曰：『王后無適，則擇立長。年鈞以德，德鈞以卜。』王不立愛，公卿無私，古之制也。穆后及大子壽早殀即世，單、劉贊私立少，以間先王。亦唯伯仲叔季圖之！」閔馬父聞子朝之辭，曰：「文辭以行禮也。子朝干景之命，遠晉之大，以專其志，無禮甚矣，文辭何爲？」

齊有彗星，齊侯使禳之。晏子曰：「無益也，只取誣焉。天道不慆，不貳其命，若之何禳之？且天之有彗也，以除穢也。君無穢德，又何禳焉？若德之穢，禳之何損？《詩》曰：『惟此文王，小心翼翼。昭事上帝，聿懷多福。厥德不回，以受方國。』君無違德，方國將至，何患於彗？詩曰：『我無所監，夏后及商。用亂之故，民卒流亡。』若德回亂，民將流亡，祝、史之爲，無能補也。」公說，乃止。

齊侯與晏子坐於路寢。公嘆曰：「美哉室！其誰有此乎！」晏子曰：「敢問何謂也？」公曰：「吾以爲在德。」對曰：「如君之言，其陳氏乎！陳氏雖無大德，而有施於民。豆、區、釜、鐘之數，其取之公也薄，其施之民也厚。公厚斂焉，陳氏厚施焉，民歸之矣。《詩》曰：『雖無德與女，式歌且舞。』陳氏之施，民歌舞之矣。後世若少惰，陳氏而不亡，則國其國也已。」公曰：「善哉！是可若何？」對曰：「唯禮可以已之。在禮，家施不及國，民不遷，農不移，工賈不變，士不濫，官不滔，大夫不收公利。」公曰：「善哉！我不能矣。吾今而後知禮之可以爲國也。」對曰：「禮之可以爲國也久矣，與天地並。君令臣共，父慈子孝，兄愛弟敬，夫和妻柔，姑慈婦聽，禮也。君令而不違，臣共而不貳；父慈而教，子孝而箴；兄愛而友，弟敬而順；夫和而義，妻柔而正；姑慈而從，婦聽而婉：禮之善物也。」公曰：「善哉，寡人今而後聞此禮之上也！」對曰：「先王所禀於天地以爲其民也，是以先王上之。」

經（昭公二十七年）

二十有七年春，公如齊。

公至自齊，居於鄆。

夏四月，吳弑其君僚。

楚殺其大夫郤宛。

秋，晉士鞅、宋樂祁犂、衛北宮喜、曹人、邾人、滕人會於扈。

冬十月，曹伯午卒。

邾快來奔。

公如齊。

公至自齊，居於鄆。

傳（昭公二十七年）

二十七年春，公如齊。公至自齊，處於鄆，言在外也。

吳子欲因楚喪而伐之，使公子掩餘、公子燭庸帥師圍潛，使延州來季子聘於上國，遂聘於晉，以觀諸侯。楚莠尹然、王尹麇帥師救潛，左司馬沈尹戌帥都君子與王馬之屬以濟師，與吳師遇於窮，令尹子常以舟師及沙汭而還。左尹郤宛、工尹壽帥師至於潛，吳師不能退。吳公子光曰：「此時也，弗可失也。」告鄟設諸曰：「上國有言曰：『不索，何獲？』我，王嗣也，吾欲求之。事若克，季子雖至，不吾廢也。」鄟設諸曰：「王可弑也。母老子弱，是無若我何？」光曰：「我，爾身也。」

夏四月，光伏甲於堀室而享王。王使甲坐於道及其門。門、階、户、席，皆王親也，夾之以鈹。羞者獻體改服於門外。執羞者坐行而入，執鈹者夾承之，及體，以相授也。光僞足疾，入於堀室。鄟設諸寘劍於魚中以進，抽劍刺王，鈹交於胸，遂弑王。闔廬以其子爲卿。季子至，曰：「苟先君無廢祀，民人無廢主，社稷有奉，國家無傾，乃吾君也，吾誰敢怨？哀死事生，以待天命。非我生亂，立者從之，先人之道也。」復命哭墓，復位而待。吳公子掩餘奔徐，公子燭庸奔鍾吾。楚師聞吳亂而還。

郤宛直而和，國人說之。鄢將師爲右領，與費無極比而惡之。令尹子常賄而信讒，無極譖郤宛焉，謂子常曰：「子惡欲飲子酒。」又謂子惡：「令尹欲飲酒於子氏。」子惡曰：「我，賤人也，不足以辱令尹。令尹將必來辱，爲惠已甚，吾無以酬之，若何？」無極曰：「令尹好甲兵，子出之，吾擇焉。」取五甲五兵，曰：「寘諸門。令尹至，必觀之，而從以酬之。」及饗日，帷諸門左。無極謂令尹曰：「吾幾禍子。子惡將爲子不利，甲在門矣。子必無往！且此役也，吳可以得志。子惡取賂焉而還；又誤羣帥，使退其師，曰：『乘亂不祥』。吳乘我喪，我乘其亂，不亦可乎？」令尹使視郤氏，則有甲焉。不往，召鄢將師而告之。將師退，遂令攻郤氏，且爇之。子惡聞之，遂自殺也。國人弗爇，令曰：「不爇郤氏，與之同罪。」或取一編菅焉，或取一秉秆焉，國人投之，遂弗爇也。令尹砲之，盡滅郤氏之族黨，殺陽令終與其弟完及佗，與晉陳及其子弟。晉陳之族呼於國曰：「鄢氏、費氏自以爲王，專禍楚國，弱寡王室，蒙王與令尹以自利也，令尹盡信之矣，國將如何？」令尹病之。

秋，會於扈，令戍周，且謀納公也。宋、衛皆利納公，固請之。范獻子取貨於季孫，謂司城子梁與北宮貞子曰：「季孫未知其罪，而君伐之。請囚、請亡，於是乎不獲，君又弗克，而自出也。夫豈無備而能出君乎？季氏之復，天救之也。休公徒之怒，而啓叔孫氏之心。不然，豈其伐人而說甲執冰以游？叔孫氏懼禍之濫，而自同於季氏，天之道也。魯君守齊，三年而無成。季氏甚得其民，淮夷與之，有十年之備，有齊、楚之援，有天之贊，有民之助，有堅守之心，有列國之權，而弗敢宣也，事君如在國。故鞅以爲難。二子皆圖國者也，而欲納魯君，鞅之願也，請從二子以圍魯。無成，死之。」二子懼，皆辭。乃辭小國，而以難復。

孟懿子、陽虎伐鄆，鄆人將戰。子家子曰：「天命不慆久矣，使君亡者，必此衆也。天既禍之，而自福也，不亦難乎！猶有鬼神，此必敗也。嗚呼！爲無望也夫！其死於此乎！」公使子家子如晉。公徒敗於且知。

楚郤宛之難，國言未已，進胙者莫不謗令尹。沈尹戌言於子常曰：「夫左尹與中厩尹，莫知其罪，而子殺之，以興謗讟，至於今不已。戌也惑之：仁者殺人以掩謗，猶弗爲也。今吾子殺人以興謗，而弗圖，不亦異乎！夫無極，楚之讒人也，民莫不知。去朝吳，出蔡侯朱，喪大子建，殺連尹奢，屏王之耳目，使不聰明。不然，平王之溫惠共儉，有過成、莊，無不及焉。所以不獲諸侯，邇無極也。今又殺三不辜，以興大謗，幾及子矣。子而不圖，將焉用之？夫鄢將師矯子之命，以滅三族——國之良也，而不愆位。吳新有君，疆埸日駭。楚國若有大事，子其危哉！知者除讒以自安也，今子愛讒以自危也，甚矣，其惑也！」子常曰：「是瓦之罪，敢不良圖！」九月己未，子常殺費無極與鄢將師，盡滅其族，以說於國。謗言乃止。

冬，公如齊，齊侯請饗之。子家子曰：「朝夕立於其朝，又何饗焉，其飲酒也。」乃飲酒，使宰獻，而請安。子仲之子曰重，爲齊侯夫人，曰：「請使重見。」子家子乃以君出。

十二月，晉籍秦致諸侯之戍於周，魯人辭以難。

經（昭公二十八年）

二十有八年春王三月，葬曹悼公。

公如晉，次於乾侯。

夏四月丙戌，鄭伯寧卒。

六月，葬鄭定公。

秋七月癸巳，滕子寧卒。

冬，葬滕悼公。

傳（昭公二十八年）

二十八年春，公如晉，將如乾侯。子家子曰：「有求於人，而即其安，人孰矜之？其造於竟。」弗聽，使請逆於晉。晉人曰：「天禍魯國，君淹恤在外，君亦不使一个辱在寡人，而即安於甥舅，其亦使逆君？」使公復於竟，而後逆之。

晉祁勝與鄔臧通室。祁盈將執之，訪於司馬叔游。叔游曰：「《鄭書》有之：『惡直醜正，實蕃有徒。』無道立矣，子懼不免。《詩》曰：『民之多辟，無自立辟。』姑已，若何？」盈曰：「祁氏私有討，國何有焉？」遂執之。祁勝賂荀躒，荀躒爲之言於晉侯。晉侯執祁盈。祁盈之臣曰：「鈞將皆死，憖使吾君聞勝與臧之死也以爲快。」乃殺之。夏六月，晉殺祁盈及楊食我。食我，祁盈之黨也，而助亂，故殺之，遂滅祁氏、羊舌氏。

初，叔向欲娶於申公巫臣氏，其母欲娶其黨。叔向曰：「吾母多而庶鮮，吾懲舅氏矣。」其母曰：「子靈之妻殺三夫，一君、一子，而亡一國、兩卿矣，可無懲乎？吾聞

之：『甚美必有甚惡。』是鄭穆少妃姚子之子，子貉之妹。子貉早死無後，而天鍾美於是，將必以是大有敗也。昔有仍氏生女，黰黑而甚美，光可以鑒，名曰玄妻。樂正后夔取之，生伯封，實有豕心，貪惏無饜，忿纇無期，謂之封豕。有窮后羿滅之，夔是以不祀。且三代之亡、共子之廢，皆是物也，女何以爲哉？夫有尤物，足以移人。苟非德義，則必有禍。」叔向懼，不敢取。平公强使取之，生伯石。伯石始生，子容之母走謁諸姑曰：「長叔姒生男。」姑視之。及堂，聞其聲而還，曰：「是豺狼之聲也。狼子野心。非是，莫喪羊舌氏矣。」遂弗視。

秋，晉韓宣子卒，魏獻子爲政，分祁氏之田以爲七縣，分羊舌氏之田以爲三縣。司馬彌牟爲鄔大夫，賈辛爲祁大夫，司馬烏爲平陵大夫，魏戊爲梗陽大夫，知徐吾爲涂水大夫，韓固爲馬首大夫，孟丙爲孟大夫，樂霄爲銅鞮大夫，趙朝爲平陽大夫，僚安爲楊氏大夫。謂賈辛、司馬烏爲有力於王室，故舉之；謂知徐吾、趙朝、韓固、魏戊，餘子之不失職、能守業者也；其四人者，皆受縣而後見於魏子，以賢舉也。

魏子謂成鱄：「吾與戊也縣，人其以我爲黨乎？」對曰：「何也！戊之爲人也，遠不忘君，近不偪同；居利思義，在約思純，有守心而無淫行，雖與之縣，不亦可乎！昔武王克商，光有天下，其兄弟之國者十有五人，姬姓之國者四十人，皆舉親也。夫舉無他，唯善所在，親疏一也。《詩》曰：『惟此文王，帝度其心。莫其德音，其德克明。克明克類，克長克君。王此大國，克順克比。比於文王，其德靡悔。既受帝祉，施於孫子。』心能制義曰度，德正應和曰莫，照臨四方曰明，勤施無私曰類，教誨不倦曰長，

賞慶刑威曰君，慈和遍服曰順，擇善而從之曰比，經緯天地曰文。九德不愆，作事無悔，故襲天禄，子孫賴之。主之舉也，近文德矣，所及其遠哉！」

賈辛將適其縣，見於魏子。魏子曰：「辛來！昔叔向適鄭，鬷蔑惡，欲觀叔向，從使之收器者，而往立於堂下，一言而善。叔向將飲酒，聞之，曰：『必鬷明也！』下，執其手以上，曰：『昔賈大夫惡，娶妻而美，三年不言不笑。御以如皋，射雉，獲之，其妻始笑而言。賈大夫曰：「才之不可以已。我不能射，女遂不言不笑夫！」今子少不揚，子若無言，吾幾失子矣。言之不可以已也如是！』遂如故知。今女有力於王室，吾是以舉女。行乎！敬之哉！毋墮乃力！」仲尼聞魏子之舉也，以爲義，曰：「近不失親，遠不失舉，可謂義矣。」又聞其命賈辛也，以爲忠，「《詩》曰：『永言配命，自求多福』，忠也。魏子之舉也義，其命也忠，其長有後於晉國乎！」

冬，梗陽人有獄，魏戊不能斷，以獄上。其大宗賂以女樂，魏子將受之。魏戊謂閻没、女寬曰：「主以不賄聞於諸侯，若受梗陽人，賄莫甚焉。吾子必諫！」皆許諾。退朝，待於庭。饋入，召之。比置，三嘆。既食，使坐。魏子曰：「吾聞諸伯叔，諺曰：『唯食忘憂。』吾子置食之間三嘆，何也？」同辭而對曰：「或賜二小人酒，不夕食。饋之始至，恐其不足，是以嘆。中置，自咎曰：『豈將軍食之而有不足？』是以再嘆。及饋之畢，願以小人之腹爲君子之心，屬厭而已。」獻子辭梗陽人。

經（昭公二十九年）

二十有九年春，公至自乾侯，居於鄆。齊侯使高張來唁公。

公如晉，次於乾侯。

夏四月庚子，叔詣卒。

秋七月。

冬十月，鄆潰。

傳（昭公二十九年）

二十九年春，公至自乾侯，處於鄆。齊侯使高張來唁公，稱主君。子家子曰：「齊卑君矣，君祇辱焉。」公如乾侯。

三月己卯，京師殺召伯盈、尹氏固及原伯魯之子。尹固之復也，有婦人遇之周郊，尤之，曰：「處則勸人爲禍，行則數日而反，是夫也，其過三歲乎？」夏五月庚寅，王子趙車入於鄻以叛，陰不佞敗之。

平子每歲賈馬，具從者之衣屨，而歸之於乾侯。公執歸馬者，賣之，乃不歸馬。衞侯來獻其乘馬，曰啓服，塹而死。公將爲之櫝。子家子曰：「從者病矣，請以食之。」乃以帷裹之。公賜公衍羔裘，使獻龍輔於齊侯，遂入羔裘。齊侯喜，與之陽穀。公衍、公爲之生也，其母偕出。公衍先生。公爲之母曰：「相與偕出，請相與偕告。」三日，公爲生，其母先以告，公爲爲兄。公私喜於陽穀，而思於魯，曰：「務人爲此禍也。且後生而爲兄，其誣也久矣。」乃黜之，而以公衍爲大子。

秋，龍見於絳郊。魏獻子問於蔡墨曰：「吾聞之：蟲莫知於龍，以其不生得也，謂之知，信乎？」對曰：「人實不知，非龍實知。古者畜龍，故國有豢龍氏，有御龍氏。」獻子曰：「是二氏者，吾亦聞之，而不知其故，是何謂也？」對曰：「昔有飂叔安，有裔子曰董父，實甚好龍，能求其耆欲以飲食之，龍多歸之，乃擾畜龍，以服事帝舜，帝賜之姓曰董，氏曰豢龍，封諸鬷川，鬷夷氏其後也。故帝舜氏世有畜龍。及有夏孔甲，擾於有帝，帝賜之乘龍，河、漢各二，各有雌雄。孔甲不能食，而未獲豢龍氏。有陶唐氏既衰，其後有劉累，學擾龍於豢龍氏，以事孔甲，能飲食之。夏后嘉之，賜氏曰御龍，以更豕韋之後。龍一雌死，潛醢以食夏后。夏后饗之，既而使求之。懼而遷於魯縣，范氏其後也。」獻子曰：「今何故無之？」對曰：「夫物，物有其官，官修其方，朝夕思之。一日失職，則死及之。失官不食。官宿其業，其物乃至。若泯棄之，物乃坻伏，鬱湮不育。故有五行之官，是謂五官，實列受氏姓，封爲上公，祀爲貴神。社稷五祀，是尊是奉。木正曰句芒，火正曰祝融，金正曰蓐收，水正曰玄冥，土正曰后土。龍，水物也，水官棄矣，故龍不生得。不然，《周易》有之：在《乾》䷀之《姤》䷫曰『潛龍勿用』；其《同人》䷌曰『見龍在田』；其大有䷍曰『飛龍在天』；其《夬》䷪曰『亢龍有悔』，其《坤》䷁曰『見羣龍無首，吉』；《坤》之《剝》䷖曰『龍戰於野』。若不朝夕見，誰能物之？」獻子曰：「社稷五祀，誰氏之五官也？」對曰：「少皞氏有四叔，曰重、曰該、曰修、曰熙，實能金、木及水。使重爲句芒，該爲蓐收，修及熙爲玄冥，世不失職，遂濟窮桑，此其三祀也。顓頊氏有子曰犂，爲祝融；共工氏有子曰句龍，爲后土，此其二祀也。后土爲社；稷，田正也，有烈山氏之子曰柱爲稷，自夏以上祀之。周棄亦爲稷，自商以來祀之。」

冬，晉趙鞅、荀寅帥師城汝濱，遂賦晉國一鼓鐵，以鑄刑鼎，著范宣子所爲刑書焉。仲尼曰：「晉其亡乎！失其度矣。夫晉國將守唐叔之所受法度，以經緯其民，卿大夫以序守之，民是以能尊其貴，貴是以能守其業。貴賤不愆，所謂度也。文公是以作執秩之官，爲被廬之法，以爲盟主。今棄是度也，而爲刑鼎，民在鼎矣，何以尊貴？貴何業之守？貴賤無序，何以爲國？且夫宣子之刑，夷之蒐也，晉國之亂制也，若之何以爲法？」蔡史墨曰：「范氏、中行氏其亡乎！中行寅爲下卿，而干上令，擅作刑器，以爲國法，是法奸也。又加范氏焉，易之，亡也。其及趙氏，趙孟與焉。然不得已，若德，可以免。」

經（昭公三十年）

三十年春王正月，公在乾侯。

夏六月庚辰，晉侯去疾卒。

秋八月，葬晉頃公。

冬十有二月，吳滅徐，徐子章羽奔楚。

傳（昭公三十年）

三十年春王正月，公在乾侯，不先書鄆與乾侯，非公，且徵過也。

夏六月，晉頃公卒。秋八月，葬。鄭游吉弔，且送葬。魏獻子使士景伯詰之曰：「悼公之喪，子西弔，子蟜送葬。今吾子無貳，何故？」對曰：「諸侯所以歸晉君，禮也。禮也者，小事大、大字小之謂。事大在共其時命，字小在恤其所無。以敝邑居大國之間，共其職貢，與其備御不虞之患，豈忘共命？先王之制：諸侯之喪，士弔，大夫送葬；唯嘉好、聘享、三軍之事於是乎使卿。晉之喪事，敝邑之間，先君有所助執紼矣。若其不間，雖士、大夫有所不獲數矣。大國之惠亦慶其加，而不討其乏，明底其情，取備而已，以爲禮也。靈王之喪，我先君簡公在楚，我先大夫印段實往——敝邑之少卿也。王吏不討，恤所無也。今大夫曰：『女盍從舊？』舊有豐有省，不知所從。從其豐，則寡君幼弱，是以不共；從其省，則吉在此矣。唯大夫圖之！」晉人不能詰。

吳子使徐人執掩餘，使鍾吾人執燭庸，二公子奔楚。楚子大封，而定其徙，使監馬尹大心逆吳公子，使居養，莠尹然、左司馬沈尹戌城之；取於城父與胡田以與之，將以害吳也。子西諫曰：「吳光新得國，而親其民，視民如子，辛苦同之，將用之也。若好吳邊疆，使柔服焉，猶懼其至。吾又彊其讎，以重怒之，無乃不可乎？吳，周之胄裔也，而棄在海濱，不與姬通，今而始大，比於諸華。光又甚文，將自同於先王。不知天將以爲虐乎？使翦喪吳國而封大異姓乎？其抑亦將卒以祚吳乎？其終不遠矣。我盍姑億吾鬼神，而寧吾族姓，以待其歸，將焉用自播揚焉？」王弗聽。

吳子怒。冬十二月，吳子執鍾吾子。遂伐徐，防山以水之。己卯，滅徐。徐子章禹斷其髮，攜其夫人以逆吳子。吳子唁而送之，使其邇臣從之，遂奔楚。楚沈尹戌帥師救徐，弗及。遂城夷，使徐子處之。

吳子問於伍員曰：「初而言伐楚，余知其可也，而恐其使余往也，又惡人之有余之功也。今余將自有之矣。伐楚何如？」對曰：「楚執政衆而乖，莫適任患。若爲三師以肄焉，一師至，彼必皆出。彼出則歸，彼歸則出，楚必道敝。亟肄以罷之，多方以誤之。既罷而後以三軍繼之，必大克之。」闔廬從之，楚於是乎始病。

經（昭公三十一年）

三十有一年春王正月，公在乾侯。

季孫意如會晉荀躒於適歷。

夏四月丁巳，薛伯穀卒。

晉侯使荀躒唁公於乾侯。

秋，葬薛獻公。

冬，黑肱以濫來奔。

十有二月辛亥朔，日有食之。

傳（昭公三十一年）

三十一年春王正月，公在乾侯，言不能外內也。

晉侯將以師納公。范獻子曰：「若召季孫而不來，則信不臣矣，然後伐之，若何？」晉人召季孫。獻子使私焉，曰：「子必來，我受其无咎。」季孫意如會晉荀躒於適歷。

荀躒曰：「寡君使躒謂吾子：『何故出君？有君不事，周有常刑。子其圖之！』」季孫練冠麻衣，跣行，伏而對曰：「事君，臣之所不得也，敢逃刑命？君若以臣爲有罪，請囚於費，以待君之察也，亦唯君。若以先臣之故，不絕季氏，而賜之死。若弗殺弗亡，君之惠也，死且不朽。若得從君而歸，則固臣之願也，敢有異心？」

夏四月，季孫從知伯如乾侯。子家子曰：「君與之歸。一慙之不忍，而終身慙乎？」公曰：「諾。」衆曰：「在一言矣，君必逐之！」荀躒以晉侯之命唁公，且曰：「寡君使躒以君命討於意如，意如不敢逃死，君其入也！」公曰：「君惠顧先君之好，施及亡人，將使歸糞除宗祧以事君，則不能見夫人。己所能見夫人者，有如河！」荀躒掩耳而走，曰：「寡君其罪之恐，敢與知魯國之難？臣請復於寡君。」退而謂季孫：「君怒未怠，子姑歸祭。」子家子曰：「君以一乘入於魯師，季孫必與君歸。」公欲從之。衆從者脅公，不得歸。

薛伯穀卒，同盟，故書。

秋，吳人侵楚，伐夷，侵潛、六。楚沈尹戌帥師救潛，吳師還。楚師遷潛於南岡而還。吳師圍弦，左司馬戌、右司馬稽帥師救弦，及豫章，吳師還——始用子胥之謀也。

冬，邾黑肱以濫來奔。賤而書名，重地故也。君子曰：「名之不可不慎也如是：夫有所有名而不如其已。以地叛，雖賤，必書地，以名其人，終爲不義，弗可滅已。是故君子動則思禮，行則思義；不爲利回，不爲義疚。或求名而不得，或欲蓋而名章，懲不義也。齊豹爲衞司寇，守嗣大夫，作而不義，其書爲『盜』。邾庶其、莒牟夷、邾黑肱以土地出，求食而已，不求其名。賤而必書。此二物者，所懲肆而去貪也。若艱難其身，以險危大人，而有名章徹，攻難之士將奔走之。若竊邑叛君以徼大利而無名，貪冒之民將寘力焉。是以《春秋》書齊豹曰『盜』，三叛人名，以懲不義，數惡無禮，其善志也。故曰：《春秋》之稱微而顯，婉而辨。上之人能使昭明，善人勸焉，淫人懼焉，是以君子貴之。」

十二月辛亥朔，日有食之。是夜也，趙簡子夢童子臝而轉以歌，旦占諸史墨，曰：「吾夢如是，今而日食，何也？」對曰：「六年及此月也，吳其入郢乎！終亦弗克。入郢必以庚辰，日月在辰尾。庚午之日，日始有謫。火勝金，故弗克。」

經（昭公三十二年）

三十有二年春王正月，公在乾侯。

取闞。

夏，吳伐越。

秋七月。

冬，仲孫何忌會晉韓不信、齊高張、宋仲幾、衞世叔申、鄭國參、曹人、莒人、薛人、杞人、小邾人城成周。

十有二月己未，公薨於乾侯。

傳（昭公三十二年）

三十二年春王正月，公在乾侯，言不能外内，又不能用其人也。

夏，吴伐越，始用師於越也。史墨曰：「不及四十年，越其有吴乎！越得歲而吴伐之，必受其凶。」

秋八月，王使富辛與石張如晉，請城成周。天子曰：「天降禍於周，俾我兄弟並有亂心，以爲伯父憂。我一二親暱甥舅不遑啓處，於今十年。勤戍五年。余一人無日忘之，閔閔焉如農夫之望歲，懼以待時。伯父若肆大惠，復二文之業，弛周室之憂，徼文、武之福，以固盟主，宣昭令名，則余一人有大願矣。昔成王合諸侯城成周，以爲東都，崇文德焉。今我欲徼福假靈於成王，修成周之城，俾戍人無勤，諸侯用寧，蝥賊遠屏，晉之力也。其委諸伯父，使伯父實重圖之，俾我一人無徵怨於百姓，而伯父有榮施，先王庸之。」

范獻子謂魏獻子曰：「與其戍周，不如城之。天子實云，雖有後事，晉勿與知可也。從王命以紓諸侯，晉國無憂；是之不務，而又焉從事？」魏獻子曰：「善。」使伯音對曰：「天子有命，敢不奉承以奔告於諸侯？遲速衰序，於是焉在。」

冬十一月，晉魏舒、韓不信如京師，合諸侯之大夫於狄泉，尋盟，且令城成周。魏子南面。衛彪傒曰：「魏子必有大咎。干位以令大事，非其任也。《詩》曰：『敬天之怒，不敢戲豫；敬天之渝，不敢馳驅』，況敢干位以作大事乎？」己丑，士彌牟營成周，計丈數，揣高卑，度厚薄，仞溝洫，物土方，議遠邇，量事期，計徒庸，慮材用，書餱糧，以令役於諸侯。屬役賦丈，書以授帥，而效諸劉子。韓簡子臨之，以爲成命。

十二月，公疾，遍賜大夫，大夫不受。賜子家子雙琥、一環、一璧、輕服，受之。大夫皆受其賜。己未，公薨。子家子反賜於府人，曰：「吾不敢逆君命也。」大夫皆反其賜。書曰「公薨於乾侯」，言失其所也。

趙簡子問於史墨曰：「季氏出其君，而民服焉，諸侯與之；君死於外而莫之或罪，何也？」對曰：「物生有兩、有三、有五、有陪貳。故天有三辰，地有五行，體有左右，各有妃耦，王有公，諸侯有卿，皆有貳也。天生季氏，以貳魯侯，爲日久矣。民之服焉，不亦宜乎！魯君世從其失，季氏世修其勤，民忘君矣。雖死於外，其誰矜之？社稷無常奉，君臣無常位，自古以然。故《詩》曰：『高岸爲谷，深谷爲陵。』三后之姓於今爲庶，主所知也。在《易》卦，雷乘《乾》曰《大壯》䷡，天之道也。昔成季友，桓之季也，文姜之愛子也。始震而卜，卜人謁之曰：『生有嘉聞，其名曰友，爲公室輔。』及生，如卜人之言，有文在其手曰『友』，遂以名之。既而有大功於魯，受費以爲上卿。至於文子、武子，世增其業，不廢舊績。魯文公薨，而東門遂殺適立庶，魯君於是乎失國，政在季氏，於此君也四公矣。民不知君，何以得國？是以爲君慎器與名，不可以假人。」

定公

經（定公元年）

元年春王。

三月，晉人執宋仲幾於京師。

夏六月癸亥，公之喪至自乾侯。

戊辰，公即位。

秋七月癸巳，葬我君昭公。

九月，大雩。

立煬宮。

冬十月，隕霜殺菽。

傳（定公元年）

元年春王正月辛巳，晉魏舒合諸侯之大夫於狄泉，將以城成周。魏子蒞政。衛彪傒曰：「將建天子，而易位以令，非義也。大事奸義，必有大咎。晉不失諸侯，魏子其不免乎！」是行也，魏獻子屬役於韓簡子及原壽過，而田於大陸，焚焉，還，卒於寧。范獻子去其柏椁，以其未復命而田也。

孟懿子會城成周，庚寅，栽。宋仲幾不受功，曰：「滕、薛、郳，吾役也。」薛宰曰：「宋爲無道，絶我小國於周，以我適楚，故我常從宋。晉文公爲踐土之盟，曰：

『凡我同盟，各復舊職。』若從踐土，若從宋，亦唯命。」仲幾曰：「踐土固然。」薛宰曰：「薛之皇祖奚仲居薛，以爲夏車正，奚仲遷於邳，仲虺居薛，以爲湯左相。若復舊職，將承王官，何故以役諸侯？」仲幾曰：「三代各異物，薛焉得有舊？爲宋役，亦其職也。」士彌牟曰：「晉之從政者新，子姑受功，歸，吾視諸故府。」仲幾曰：「縱子忘之，山川鬼神其忘諸乎？」士伯怒，謂韓簡子曰：「薛徵於人，宋徵於鬼。宋罪大矣。且己無辭，而抑我以神，誣我也。『啓寵納侮』，其此之謂矣。必以仲幾爲戮。」乃執仲幾以歸。三月，歸諸京師。城三旬而畢，乃歸諸侯之戍。齊高張後，不從諸侯。晉女叔寬曰：「周萇弘、齊高張皆將不免。萇叔違天，高子違人。天之所壞，不可支也；衆之所爲，不可奸也。」

夏，叔孫成子逆公之喪於乾侯。季孫曰：「子家子亟言於我，未嘗不中吾志也。吾欲與之從政，子必止之，且聽命焉。」子家子不見叔孫，易幾而哭。叔孫請見子家子。子家子辭曰：「羈未得見，而從君以出。君不命而薨，羈不敢見。」叔孫使告之曰：「公衍、公爲實使羣臣不得事君，若公子宋主社稷，則羣臣之願也。凡從君出而可以入者，將唯子是聽。子家氏未有後，季孫願與子從政。此皆季孫之願也，使不敢以告。」對曰：「若立君，則有卿士、大夫與守龜在，羈弗敢知。若從君者，則貌而出者，入可也；寇而出者，行可也。若羈也，則君知其出也，而未知其入也，羈將逃也。」喪及壞隤，公子宋先入，從公者皆自壞隤反。

六月癸亥，公之喪至自乾侯。戊辰，公即位。季孫使役如闞公氏，將溝焉。榮駕鵝

曰：「生不能事，死又離之，以自旌也。縱子忍之，後必或恥之。」乃止。季孫問於榮駕鵝曰：「吾欲爲君謚，使子孫知之。」對曰：「生弗能事，死又惡之，以自信也。將焉用之？」乃止。

秋七月癸巳，葬昭公於墓道南。孔子之爲司寇也，溝而合諸墓。

昭公出故，季平子禱於煬公。九月，立煬宮。

周鞏簡公棄其子弟而好用遠人。

經（定公二年）

二年春王正月。

夏五月壬辰，雉門及兩觀災。

秋，楚人伐吳。

冬十月，新作雉門及兩觀。

傳（定公二年）

二年夏四月辛酉，鞏氏之羣子弟賊簡公。

桐叛楚。吳子使舒鳩氏誘楚人，曰：「以師臨我，我伐桐，爲我使之無忌。」秋，楚囊瓦伐吳，師於豫章。吳人見舟於豫章，而潛師於巢。冬十月，吳軍楚師於豫章，敗之。遂圍巢，克之，獲楚公子繁。

邾莊公與夷射姑飲酒，私出。閽乞肉焉，奪之杖以敲之。

經（定公三年）

三年春王正月，公如晉，至河，乃復。

二月辛卯，邾子穿卒。

夏四月。

秋，葬邾莊公。

冬，仲孫何忌及邾子盟於拔。

傳（定公三年）

三年春二月辛卯，邾子在門臺，臨廷。閽以缾水沃廷，邾子望見之，怒。閽曰：「夷射姑旋焉。」命執之。弗得，滋怒，自投於牀，廢於爐炭，爛，遂卒。先葬以車五乘，殉五人。莊公卞急而好潔，故及是。

秋九月，鮮虞人敗晉師於平中，獲晉觀虎，恃其勇也。

冬，盟於郯，修邾好也。

蔡昭侯爲兩佩與兩裘以如楚，獻一佩一裘於昭王。昭王服之，以享蔡侯。蔡侯亦服其一。子常欲之，弗與，三年止之。唐成公如楚，有兩肅爽馬，子常欲之，弗與，亦三年止之。唐人或相與謀，請代先從者，許之。飲先從者酒，醉之，竊馬而獻之子常。子常歸唐侯。自拘於司敗，曰：「君以弄馬之故，隱君身，棄國家。羣臣請相夫人以償馬，必如之。」唐侯曰：「寡人之過也。二三子無辱！」皆賞之。蔡人聞之，固請，而獻佩於子常。子常朝，見蔡侯之徒，命有司曰：「蔡君之久也，官不共也。明日禮不畢，將

死。」蔡侯歸，及漢，執玉而沈，曰：「余所有濟漢而南者，有若大川！」蔡侯如晉，以其子元與其大夫之子爲質焉，而請伐楚。

經（定公四年）

四年春王二月癸巳，陳侯吳卒。

三月，公會劉子、晉侯、宋公、蔡侯、衛侯、陳子、鄭伯、許男、曹伯、莒子、邾子、頓子、胡子、滕子、薛伯、杞伯、小邾子、齊國夏於召陵，侵楚。

夏四月庚辰，蔡公孫姓帥師滅沈，以沈子嘉歸，殺之。

五月，公及諸侯盟於臯鼬。

杞伯成卒於會。

六月，葬陳惠公。

許遷於容城。

秋七月，公至自會。

劉卷卒。

葬杞悼公。

楚人圍蔡。

晉士鞅、衛孔圉帥師伐鮮虞。

葬劉文公。

冬十有一月庚午，蔡侯以吳子及楚人戰於柏舉，楚師敗績。楚囊瓦出奔鄭。庚辰，吳入郢。

傳（定公四年）

四年春三月，劉文公合諸侯於召陵，謀伐楚也。晉荀寅求貨於蔡侯，弗得，言於范獻子曰：「國家方危，諸侯方貳，將以襲敵，不亦難乎！水潦方降，疾瘧方起，中山不服，棄盟取怨，無損於楚，而失中山，不如辭蔡侯。吾自方城以來，楚未可以得志，只取勤焉。」乃辭蔡侯。

晉人假羽旄於鄭，鄭人與之。明日，或旆以會。晉於是乎失諸侯。

將會，衛子行敬子言於靈公曰：「會同難，嘖有煩言，莫之治也。其使祝佗從！」公曰：「善。」乃使子魚。子魚辭，曰：「臣展四體，以率舊職，猶懼不給而煩刑書。若又共二，徼大罪也。且夫祝，社稷之常隸也。社稷不動，祝不出竟，官之制也。君以軍行，祓社釁鼓，祝奉以從，於是乎出竟。若嘉好之事，君行師從，卿行旅從，臣無事焉。」公曰：「行也。」

及臯鼬，將長蔡於衛。衛侯使祝佗私於萇弘曰：「聞諸道路，不知信否。若聞蔡將先衛，信乎？」萇弘曰：「信。蔡叔，康叔之兄也，先衛，不亦可乎？」子魚曰：「以先王觀之，則尚德也。昔武王克商，成王定之，選建明德，以蕃屏周。故周公相王室，以尹天下，於周爲睦。分魯公以大路、大旂，夏后氏之璜，封父之繁弱，殷民六族，條氏、徐氏、蕭氏、索氏、長勺氏、尾勺氏，使帥其宗氏，輯其分族，將其類醜，以法則周公。

用即命於周。是使之職事於魯，以昭周公之明德。分之土田陪敦、祝、宗、卜、史，備物、典策，官司、彝器；因商奄之民，命以伯禽而封於少皞之虛。分康叔以大路、少帛、綪茷、旃旌、大呂，殷民七族，陶氏、施氏、繁氏、錡氏、樊氏、饑氏、終葵氏；封畛土略，自武父以南及圃田之北竟，取於有閻之土以共王職；取於相土之東都以會王之東蒐。聃季授土，陶叔授民，命以《康誥》而封於殷虛。皆啓以商政，疆以周索。分唐叔以大路、密須之鼓、闕鞏、沽洗，懷姓九宗，職官五正。命以《唐誥》而封於夏虛，啓以夏政，疆以戎索。三者皆叔也，而有令德，故昭之以分物。不然，文、武、成、康之伯猶多，而不獲是分也，唯不尚年也。管、蔡啓商，惎間王室，王於是乎殺管叔而蔡蔡叔，以車七乘、徒七十人。其子蔡仲改行帥德，周公舉之，以爲己卿士，見諸王而命之以蔡。其命書云：『王曰：胡！無若爾考之違王命也！』若之何其使蔡先衛也？武王之母弟八人，周公爲大宰，康叔爲司寇，聃季爲司空，五叔無官，豈尚年哉？曹，文之昭也；晉，武之穆也。曹爲伯甸，非尚年也。今將尚之，是反先王也。晉文公爲踐土之盟，衛成公不在，夷叔，其母弟也，猶先蔡。其載書云：『王若曰：晉重、魯申、衛武、蔡甲午、鄭捷、齊潘、宋王臣、莒期。』藏在周府，可覆視也。吾子欲復文、武之略，而不正其德，將如之何？」萇弘説，告劉子，與范獻子謀之，乃長衛侯於盟。

反自召陵，鄭子大叔未至而卒。晉趙簡子爲之臨，甚哀，曰：「黃父之會，夫子語我九言，曰：『無始亂，無怙富，無恃寵，無違同，無敖禮，無驕能，無復怒，無謀非德，無犯非義。』」

沈人不會於召陵，晉人使蔡伐之。夏，蔡滅沈。秋，楚爲沈故，圍蔡。伍員爲吳行人以謀楚。楚之殺郤宛也，伯氏之族出。伯州犂之孫嚭爲吳大宰以謀楚。楚自昭王即位，無歲不有吳師，蔡侯因之，以其子乾與其大夫之子爲質於吳。

冬，蔡侯、吳子、唐侯伐楚。舍舟於淮汭，自豫章與楚夾漢。左司馬戌謂子常曰：「子沿漢而與之上下，我悉方城外以毁其舟，還塞大隧、直轅、冥阨。子濟漢而伐之，我自後擊之，必大敗之。」既謀而行。武城黑謂子常曰：「吳用木也，我用革也，不可久也，不如速戰。」史皇謂子常：「楚人惡子而好司馬。若司馬毁吳舟於淮，塞城口而入，是獨克吳也。子必速戰！不然，不免。」乃濟漢而陳，自小别至於大别。三戰，子常知不可，欲奔。史皇曰：「安，求其事；難而逃之，將何所入？子必死之，初罪必盡説。」

十一月庚午，二師陳於柏舉。闔廬之弟夫槩王晨請於闔廬曰：「楚瓦不仁，其臣莫有死志。先伐之，其卒必奔；而後大師繼之，必克。」弗許。夫槩王曰：「所謂『臣義而行，不待命』者，其此之謂也。今日我死，楚可入也。」以其屬五千先擊子常之卒。子常之卒奔，楚師亂，吳師大敗之。子常奔鄭。史皇以其乘廣死。吳從楚師，及清發，將擊之。夫槩王曰：「困獸猶鬭，況人乎？若知不免而致死，必敗我。若使先濟者知免，後者慕之，蔑有鬭心矣。半濟而後可擊也。」從之，又敗之。楚人爲食，吳人及之，奔。食而從之，敗諸雍澨。五戰，及郢。

己卯，楚子取其妹季芈畀我以出，涉雎。鍼尹固與王同舟，王使執燧象以奔吳師。庚辰，吳入郢，以班處宫。子山處令尹之宫，夫槩王欲攻之，懼而去之，夫槩王入之。

左司馬戌及息而還，敗吳師於雍澨，傷。初，司馬臣闔廬，故恥爲禽焉，謂其臣曰：「誰能免吾首？」吳句卑曰：「臣賤，可乎？」司馬曰：「我實失子，可哉！」三戰皆傷，曰：「吾不可用也已。」句卑布裳，剄而裹之，藏其身，而以其首免。

楚子涉睢，濟江，入於雲中。王寢，盜攻之，以戈擊王，王孫由於以背受之，中肩。王奔鄖。鍾建負季芈以從。由於徐蘇而從。鄖公辛之弟懷將弑王，曰：「平王殺吾父，我殺其子，不亦可乎？」辛曰：「君討臣，誰敢讎之？君命，天也。若死天命，將誰讎？《詩》曰：『柔亦不茹，剛亦不吐。不侮矜寡，不畏彊禦』，唯仁者能之。違彊陵弱，非勇也；乘人之約，非仁也；滅宗廢祀，非孝也；動無令名，非知也。必犯是，余將殺女。」鬬辛與其弟巢以王奔隨。吳人從之，謂隨人曰：「周之子孫在漢川者，楚實盡之。天誘其衷，致罰於楚，而君又竄之，周室何罪？君若顧報周室，施及寡人，以獎天衷，君之惠也。漢陽之田，君實有之。」楚子在公宮之北，吳人在其南。子期似王，逃王，而己爲王，曰：「以我與之，王必免。」隨人卜與之，不吉，乃辭吳曰：「以隨之辟小，而密邇於楚，楚實存之。世有盟誓，至於今未改。若難而棄之，何以事君？執事之患不唯一人，若鳩楚竟，敢不聽命？」吳人乃退。鑪金初宦於子期氏，實與隨人要言。王使見，辭，曰：「不敢以約爲利。」王割子期之心以與隨人盟。

初，伍員與申包胥友。其亡也，謂申包胥曰：「我必復楚國。」申包胥曰：「勉之！子能復之，我必能興之。」及昭王在隨，申包胥如秦乞師，曰：「吳爲封豕、長蛇，以薦食上國，虐始於楚。寡君失守社稷，越在草莽，使下臣告急，曰：『夷德無厭，若鄰於君，疆埸之患也。逮吳之未定，君其取分焉。若楚之遂亡，君之土也。若以君靈撫之，世以事君。』」秦伯使辭焉，曰：「寡人聞命矣。子姑就館，將圖而告。」對曰：「寡君越在草莽，未獲所伏，下臣何敢即安？」立，依於庭牆而哭，日夜不絕聲，勺飲不入口七日。秦哀公爲之賦《無衣》。九頓首而坐。秦師乃出。

經（定公五年）

五年春三月辛亥朔，日有食之。

夏，歸粟於蔡。

於越入吳。

六月丙申，季孫意如卒。

秋七月壬子，叔孫不敢卒。

冬，晉士鞅帥師圍鮮虞。

傳（定公五年）

五年春，王人殺子朝於楚。

夏，歸粟於蔡，以周亟，矜無資。

越入吳，吳在楚也。

六月，季平子行東野。還，未至，丙申，卒於房。陽虎將以璵璠斂，仲梁懷弗與，曰：「改步改玉。」陽虎欲逐之，告公山不狃。不狃曰：「彼爲君也，子何怨焉？」既葬，

桓子行東野，及費。子洩爲費宰，逆勞於郊，桓子敬之。勞仲梁懷，仲梁懷弗敬。子洩怒，謂陽虎：「子行之乎！」

申包胥以秦師至。秦子蒲、子虎帥車五百乘以救楚。子蒲曰：「吾未知吳道。」使楚人先與吳人戰，而自稷會之，大敗夫槩王於沂。吳人獲薳射於柏舉，其子帥奔徒以從子西，敗吳師於軍祥。

秋七月，子期、子蒲滅唐。

九月，夫槩王歸，自立也，以與王戰，而敗，奔楚，爲堂谿氏。吳師敗楚師於雍澨。秦師又敗吳師。吳師居麇，子期將焚之，子西曰：「父兄親暴骨焉，不能收，又焚之，不可。」子期曰：「國亡矣，死者若有知也，可以歆舊祀，豈憚焚之？」焚之，而又戰，吳師敗，又戰於公壻之谿。吳師大敗，吳子乃歸。囚闉輿罷。闉輿罷請先，遂逃歸。葉公諸梁之弟后臧從其母於吳，不待而歸。葉公終不正視。

乙亥，陽虎囚季桓子及公父文伯，而逐仲梁懷。冬十月丁亥，殺公何藐。己丑，盟桓子於稷門之內，庚寅，大詛。逐公父歜及秦遄，皆奔齊。

楚子入於郢。初，鬬辛聞吳人之爭宮也，曰：「吾聞之：『不讓，則不和；不和，不可以遠征。』吳爭於楚，必有亂；有亂，則必歸，焉能定楚？」王之奔隨也，將涉於成臼。藍尹亹涉其帑，不與王舟。及寧，王欲殺之。子西曰：「子常唯思舊怨以敗，君何效焉？」王曰：「善。使復其所，吾以志前惡。」王賞鬬辛、王孫由於、王孫圉、鍾建、鬬巢、申包胥、王孫賈、宋木、鬬懷。子西曰：「請舍懷也。」王曰：「大德滅小怨，道也。」申包胥曰：「吾爲君也，非爲身也。君既定矣，又何求？且吾尤子旗，其又爲諸？」遂逃賞。王將嫁季芈，季芈辭曰：「所以爲女子，遠丈夫也。鍾建負我矣。」以妻鍾建，以爲樂尹。

王之在隨也，子西爲王輿服以保路，國於脾洩。聞王所在，而後從王。王使由於城麇，復命。子西問高厚焉，弗知。子西曰：「不能，如辭。城不知高厚，小大何知？」對曰：「固辭不能，子使余也。人各有能有不能。王遇盜於雲中，余受其戈，其所猶在。」袒而示之背，曰：「此余所能也。脾洩之事，余亦弗能也。」

晉士鞅圍鮮虞，報觀虎之敗也。

經（定公六年）

六年春王正月癸亥，鄭游速帥師滅許，以許男斯歸。

二月，公侵鄭。

公至自侵鄭。

夏，季孫斯、仲孫何忌如晉。

秋，晉人執宋行人樂祁犂。

冬，城中城。

季孫斯、仲孫忌帥師圍鄆。

傳（定公六年）

六年春，鄭滅許，因楚敗也。

二月，公侵鄭，取匡，爲晉討鄭之伐胥靡也。往不假道於衛；及還，陽虎使季、孟自南門入，出自東門，舍於豚澤。衛侯怒，使彌子瑕追之。公叔文子老矣，輦而如公，曰：「尤人而效之，非禮也。昭公之難君將以文之舒鼎、成之昭兆、定之鞶監，苟可以納之，擇用一焉。公子與二三臣之子，諸侯苟憂之，將以爲之質。此羣臣之所聞也。今將以小忿蒙舊德，無乃不可乎？大姒之子，唯周公、康叔爲相睦也，而效小人以棄之，不亦誣乎？天將多陽虎之罪以斃之，君姑待之，若何？」乃止。

夏，季桓子如晉，獻鄭俘也。陽虎強使孟懿子往報夫人之幣，晉人兼享之。孟孫立於房外，謂范獻子曰：「陽虎若不能居魯，而息肩於晉，所不以爲中軍司馬者，有如先君！」獻子曰：「寡君有官，將使其人，鞅何知焉？」獻子謂簡子曰：「魯人患陽虎矣。孟孫知其釁，以爲必適晉，故強爲之請，以取入焉。」

四月己丑，吳大子終纍敗楚舟師，獲潘子臣、小惟子及大夫七人。楚國大惕，懼亡。子期又以陵師敗於繁揚。令尹子西喜曰：「乃今可爲矣。」於是乎遷郢於都，而改紀其政，以定楚國。

周儋翩率王子朝之徒因鄭人將以作亂於周，鄭於是乎伐馮、滑、胥靡、負黍、狐人、闕外。六月，晉閻没戍周，且城胥靡。

秋八月，宋樂祁言於景公曰：「諸侯唯我事晉，今使不往，晉其憾矣。」樂祁告其宰陳寅。陳寅曰：「必使子往。」他日，公謂樂祁曰：「唯寡人說子之言，子必往！」陳寅曰：「子立後而行，吾室亦不亡，唯君亦以我爲知難而行也。」見溷而行。趙簡子逆，而飲之酒於緜上，獻楊楯六十於簡子。陳寅曰：「昔吾主范氏，今子主趙氏，又有納焉，以楊楯賈禍，弗可爲也已。然子死晉國，子孫必得志於宋。」范獻子言於晉侯曰：「以君命越疆而使，未致使而私飲酒，不敬二君，不可不討也。」乃執樂祁。

陽虎又盟公及三桓於周社，盟國人於亳社，詛於五父之衢。

冬十二月，天王處於姑蕕，辟儋翩之亂也。

經（定公七年）

七年春王正月。

夏四月。

秋，齊侯、鄭伯盟於鹹。

齊人執衛行人北宮結以侵衛。

齊侯、衛侯盟於沙。

大雩。

齊國夏帥師伐我西鄙。

九月，大雩。

冬十月。

傳（定公七年）

七年春二月，周儋翩入於儀栗以叛。

齊人歸鄆、陽關，陽虎居之以爲政。

夏四月，單武公、劉桓公敗尹氏於窮谷。

秋，齊侯、鄭伯盟於鹹，徵會於衛。衛侯欲叛晉，諸大夫不可。使北宮結如齊，而私於齊侯曰：「執結以侵我。」齊侯從之，乃盟於瑣。

齊國夏伐我。陽虎御季桓子，公斂處父御孟懿子，將宵軍齊師。齊師聞之，墮，伏而待之。處父曰：「虎不圖禍，而必死。」苫夷曰：「虎陷二子於難，不待有司，余必殺女。」虎懼，乃還，不敗。

冬，十一月戊午，單子、劉子逆王於慶氏。晉籍秦送王。己巳，王入於王城，館於公族黨氏，而後朝於莊宮。

經（定公八年）

八年春王正月，公侵齊。

公至自侵齊。

二月，公侵齊。

三月，公至自侵齊。

曹伯露卒。

夏，齊國夏帥師伐我西鄙。

公會晉師於瓦。

公至自瓦。

秋七月戊辰，陳侯柳卒。

晉士鞅帥師侵鄭，遂侵衛。

葬曹靖公。

九月，葬陳懷公。

季孫斯、仲孫何忌帥師侵衛。

冬，衛侯、鄭伯盟於曲濮。

從祀先公。

盜竊寶玉、大弓。

傳（定公八年）

八年春王正月，公侵齊，門於陽州。士皆坐列，曰：「顏高之弓六鈞。」皆取而傳觀之。陽州人出，顏高奪人弱弓，籍丘子鉏擊之，與一人俱斃。偃，且射子鉏，中頰，殪。顏息射人中眉，退曰：「我無勇，吾志其目也。」師退，冉猛僞傷足而先。其兄會乃呼曰：「猛也殿！」

二月己丑，單子伐穀城，劉子伐儀栗。辛卯，單子伐簡城，劉子伐盂，以定王室。

趙鞅言於晉侯曰：「諸侯唯宋事晉，好逆其使，猶懼不至；今又執之，是絕諸侯

也。」將歸樂祁，士鞅曰：「三年止之，無故而歸之，宋必叛晉。」獻子私謂子梁曰：「寡君懼不得事宋君，是以止子。子姑使溷代子。」子梁以告陳寅。陳寅曰：「宋將叛晉，是棄溷也，不如待之。」樂祁歸，卒於大行。士鞅曰：「宋必叛，不如止其尸以求成焉。」乃止諸州。

公侵齊，攻廪丘之郛。主人焚衝，或濡馬褐以救之，遂毀之。主人出，師奔。陽虎僞不見冉猛者，曰：「猛在此，必敗。」猛逐之，顧而無繼，僞顛。虎曰：「盡客氣也。」

苫越生子，將待事而名之。陽州之役獲焉，名之曰「陽州」。

夏，齊國夏、高張伐我西鄙。晉士鞅、趙鞅、荀寅救我。公會晉師於瓦，范獻子執羔，趙簡子、中行文子皆執鴈。魯於是始尚羔。

晉師將盟衛侯於鄟澤，趙簡子曰：「羣臣誰敢盟衛君者？」涉佗、成何曰：「我能盟之。」衛人請執牛耳。成何曰：「衛，吾温、原也，焉得視諸侯？」將歃，涉佗捘衛侯之手，及捥。衛侯怒，王孫賈趨進，曰：「盟以信禮也，有如衛君，其敢不唯禮是事而受此盟也？」衛侯欲叛晉，而患諸大夫。王孫賈使次於郊。大夫問故，公以晉詬語之，且曰：「寡人辱社稷，其改卜嗣，寡人從焉。」大夫曰：「是衛之禍，豈君之過也？」公曰：「又有患焉，謂寡人『必以而子與大夫之子爲質』。」大夫曰：「苟有益也，公子則往，羣臣之子敢不皆負羈絏以從？」將行，王孫賈曰：「苟衛國有難，工商未嘗不爲患，使皆行而後可。」公以告大夫，乃皆將行之。行有日，公朝國人，使賈問焉，曰：「若衛叛晉，晉五伐我，病何如矣？」皆曰：「五伐我，猶可以能戰。」賈曰：「然則如叛之，病而後質焉，何遲之有？」乃叛晉。晉人請改盟，弗許。

秋，晉士鞅會成桓公侵鄭，圍蟲牢，報伊闕也。遂侵衛。

九月，師侵衛，晉故也。

季寤、公鉏極、公山不狃皆不得志於季氏，叔孫輒無寵於叔孫氏，叔仲志不得志於魯，故五人因陽虎。陽虎欲去三桓，以季寤更季氏，以叔孫輒更叔孫氏，己更孟氏。冬十月，順祀先公而祈焉。辛卯，禘於僖公。壬辰，將享季氏於蒲圃而殺之；戒都車，曰「癸巳至」。成宰公斂處父告孟孫曰：「季氏戒都車，何故？」孟孫曰：「吾弗聞。」處父曰：「然則亂也，必及於子，先備諸。」與孟孫以壬辰爲期。

陽虎前驅。林楚御桓子，虞人以鈹、盾夾之，陽越殿。將如蒲圃。桓子咋謂林楚曰：「而先皆季氏之良也，爾以是繼之。」對曰：「臣聞命後。陽虎爲政，魯國服焉，違之徵死，死無益於主。」桓子曰：「何後之有？而能以我適孟氏乎？」對曰：「不敢愛死，懼不免主。」桓子曰：「往也！」孟氏選圉人之壯者三百人，以爲公期築室於門外。林楚怒馬，及衢而騁。陽越射之，不中。築者闔門。有自門間射陽越，殺之。陽虎劫公與武叔，以伐孟氏。公斂處父帥成人自上東門入，與陽氏戰於南門之内，弗勝；又戰於棘下，陽氏敗。陽虎説甲如公宫，取寶玉、大弓以出，舍於五父之衢，寢而爲食。其徒曰：「追其將至。」虎曰：「魯人聞余出，喜於徵死，何暇追余？」從者曰：「嘻！速駕，公斂陽在。」公斂陽請追之，孟孫弗許。陽欲殺桓子，孟孫懼而歸之。子言辨舍爵於季氏之廟而出。陽虎入於讙、陽關以叛。

鄭駟歂嗣子大叔爲政。

經（定公九年）

九年春王正月。

夏四月戊申，鄭伯蠆卒。

得寶玉、大弓。

六月，葬鄭獻公。

秋，齊侯、衛侯次於五氏。

秦伯卒。

冬，葬秦哀公。

傳（定公九年）

九年春，宋公使樂大心盟於晉，且逆樂祁之尸。辭，僞有疾；乃使向巢如晉盟，且逆子梁之尸。子明謂桐門右師出，曰：「吾猶衰絰，而子擊鐘，何也？」右師曰：「喪不在此故也。」既而告人曰：「已衰絰而生子，余何故舍鐘？」子明聞之，怒，言於公曰：「右師將不利戴氏。不肯適晉，將作亂也。不然，無疾。」乃逐桐門右師。

鄭駟歂殺鄧析，而用其《竹刑》。君子謂子然於是不忠。苟有可以加於國家者，棄其邪可也。《静女》之三章，取彤管焉。《竿旄》：「何以告之」，取其忠也。故用其道，不棄其人。《詩》云：「蔽芾甘棠，勿翦勿伐，召伯所茇。」思其人，猶愛其樹，況用其道而不恤其人乎！子然無以勸能矣。

夏，陽虎歸寶玉、大弓，書曰「得」，器用也。凡獲器用曰「得」，得用焉曰「獲」。

六月，伐陽關。陽虎使焚萊門。師驚，犯之而出奔齊，請師以伐魯，曰：「三加，必取之。」齊侯將許之。鮑文子諫曰：「臣嘗爲隸於施氏矣，魯未可取也。上下猶和，衆庶猶睦，能事大國，而無天災，若之何取之？陽虎欲勤齊師也，齊師罷，大臣必多死亡，己於是乎奮其詐謀。夫陽虎有寵於季氏，而將殺季孫以不利魯國，而求容焉。親富不親仁，君焉用之？君富於季氏，而大於魯國，兹陽虎所欲傾覆也。魯免其疾，而君又收之，無乃害乎？」齊侯執陽虎，將東之。陽虎願東，乃囚諸西鄙。盡藉邑人之車，鍥其軸，麻約而歸之。載葱靈，寢於其中而逃。追而得之，囚於齊。又以葱靈逃，奔宋，遂奔晉，適趙氏。仲尼曰：「趙氏其世有亂乎！」

秋，齊侯伐晉夷儀。敝無存之父將室之，辭，以與其弟，曰：「此役也，不死，反，必娶於高、國。」先登，求自門出，死於霤下。東郭書讓登，犂彌從之，曰：「子讓而左，我讓而右，使登者絶而後下。」書左，彌先下。書與王猛息。猛曰：「我先登。」書斂甲，曰：「曩者之難，今又難焉！」猛笑曰：「吾從子，如驂之有靳。」

晉車千乘在中牟，衛侯將如五氏，卜過之，龜焦，衛侯曰：「可也！衛車當其半，寡人當其半，敵矣。」乃過中牟。中牟人欲伐之。衛褚師圃亡在中牟，曰：「衛雖小，其君在焉，未可勝也。齊師克城而驕，其帥又賤，遇，必敗之，不如從齊。」乃伐齊師，敗之。

齊侯致禚、媚、杏於衛。齊侯賞犂彌，犂彌辭曰：「有先登者，臣從之，皙幘而衣貍制。」公使視東郭書，曰：「乃夫子也——吾貺子。」公賞東郭書，辭曰：「彼，賓旅也。」乃賞犂彌。齊師之在夷儀也，齊侯謂夷儀人曰：「得敝無存者，以五家免。」乃得其尸。公三襚之，與之犀軒與直蓋，而先歸之。坐引者，以師哭之，親推之三。

經（定公十年）

十年春王三月，及齊平。

夏，公會齊侯於夾谷。

公至自夾谷。

晉趙鞅帥師圍衛。

齊人來歸鄆、讙、龜陰田。

叔孫州仇、仲孫何忌帥師圍郈。

秋，叔孫州仇、仲孫何忌帥師圍郈。

宋樂大心出奔曹。

宋公子地出奔陳。

冬，齊侯、衛侯、鄭游速會於安甫。

叔孫州仇如齊。

宋公之弟辰暨仲佗、石彄出奔陳。

傳（定公十年）

十年春，及齊平。

夏，公會齊侯於祝其，實夾谷。孔丘相，犂彌言於齊侯曰：「孔丘知禮而無勇，若使萊人以兵劫魯侯，必得志焉。」齊侯從之。孔丘以公退，曰：「士兵之！兩君合好，而裔夷之俘以兵亂之，非齊君所以命諸侯也。裔不謀夏，夷不亂華，俘不干盟，兵不偪好——於神爲不祥，於德爲愆義，於人爲失禮，君必不然。」齊侯聞之，遽辟之。將盟，齊人加於載書曰：「齊師出竟而不以甲車三百乘從我者，有如此盟！」孔丘使茲無還揖對，曰：「而不反我汶陽之田，吾以共命者亦如之！」

齊侯將享公。孔丘謂梁丘據曰：「齊、魯之故，吾子何不聞焉？事既成矣，而又享之，是勤執事也。且犧、象不出門，嘉樂不野合。饗而既具，是棄禮也；若其不具，用秕稗也。用秕稗，君辱；棄禮，名惡。子盍圖之！夫享，所以昭德也。不昭，不如其自已也。」乃不果享。

齊人來歸鄆、讙、龜陰之田。

晉趙鞅圍衛，報夷儀也。

初，衛侯伐邯鄲午於寒氏，城其西北而守之，宵熸。及晉圍衛，午以徒七十人門於衛西門，殺人於門中，曰：「請報寒氏之役。」涉佗曰：「夫子則勇矣；然我往，必不敢啓門。」亦以徒七十人旦門焉，步左右，皆至而立如植。日中不啓門，乃退。反役，晉人討衛之叛故，曰：「由涉佗、成何。」於是執涉佗，以求成於衛。衛人不許。晉人

遂殺涉佗，成何奔燕。君子曰：「此之謂棄禮，必不鈞。《詩》曰：『人而無禮，胡不遄死？』涉佗亦遄矣哉！」

初，叔孫成子欲立武叔，公若藐固諫曰：「不可。」成子立之而卒。公南使賊射之，不能殺。公南爲馬正，使公若爲郈宰。武叔既定，使郈馬正侯犯殺公若，弗能。其圉人曰：「吾以劍過朝，公若必曰：『誰之劍也？』吾稱子以告，必觀之。吾僞固而授之末，則可殺也。」使如之。公若曰：「爾欲吴王我乎？」遂殺公若。侯犯以郈叛，武叔懿子圍郈。弗克。

秋，二子及齊師復圍郈，弗克。叔孫謂郈工師駟赤曰：「郈非唯叔孫氏之憂，社稷之患也，將若之何？」對曰：「臣之業在《揚水》卒章之四言矣。」叔孫稽首。駟赤謂侯犯曰：「居齊、魯之際而無事，必不可矣。子盍求事於齊以臨民？不然，將叛。」侯犯從之。齊使至。駟赤與郈人爲之宣言於郈中曰：「侯犯將以郈易於齊，齊人將遷郈民。」衆凶懼。駟赤謂侯犯曰：「衆言異矣。子不如易於齊，與其死也，猶是郈也，而得紓焉，何必此？齊人欲以此偪魯，必倍與子地。且盍多舍甲於子之門以備不虞。」侯犯曰：「諾。」乃多舍甲焉。侯犯請易於齊，齊有司觀郈。將至，駟赤使周走呼曰：「齊師至矣！」郈人大駭，介侯犯之門甲，以圍侯犯。駟赤將射之，侯犯止之曰：「謀免我。」侯犯請行，許之。駟赤先如宿，侯犯殿。每出一門，郈人閉之。及郭門，止之，曰：「子以叔孫氏之甲出，有司若誅之，羣臣懼死。」駟赤曰：「叔孫氏之甲有物，吾未敢以出。」犯謂駟赤曰：「子止而與之數。」駟赤止，而納魯人。侯犯奔齊。齊人乃致郈。

宋公子地嬖蘧富獵，十一分其室，而以其五與之。公子地有白馬四，公嬖向魋，魋欲之。公取而朱其尾、鬣以與之。地怒，使其徒抶魋而奪之。魋懼，將走，公閉門而泣之，目盡腫。母弟辰曰：「子分室以與獵也，而獨卑魋，亦有頗焉。子爲君禮，不過出竟，君必止子。」公子地出奔陳，公弗止。辰爲之請，弗聽。辰曰：「是我迋吾兄也。吾以國人出，君誰與處？」冬，母弟辰暨仲佗、石彄出奔陳。

武叔聘於齊，齊侯享之，曰：「子叔孫！若使郈在君之他竟，寡人何知焉？屬與敝邑際，故敢助君憂之。」對曰：「非寡君之望也。所以事君，封疆社稷是以，敢以家隸勤君之執事？夫不令之臣，天下之所惡也，君豈以爲寡君賜？」

經（定公十一年）

十有一年春，宋公之弟辰及仲佗、石彄、公子地自陳入於蕭以叛。

夏四月。

秋，宋樂大心自曹入於蕭。

冬，及鄭平。叔還如鄭涖盟。

傳（定公十一年）

十一年春，宋公母弟辰暨仲佗、石彄、公子地入於蕭以叛。秋，樂大心從之，大爲宋患，寵向魋故也。

冬，及鄭平，始叛晉也。

經（定公十二年）

十有二年春，薛伯定卒。

夏，葬薛襄公。

叔孫州仇帥師墮郈。

衛公孟彄帥師伐曹。

季孫斯、仲孫何忌帥師墮費。

秋，大雩。

冬十月癸亥，公會齊侯盟於黃。

十有一月丙寅朔，日有食之。

公至自黃。

十有二月，公圍成。

公至自圍成。

傳（定公十二年）

十二年夏，衛公孟彄伐曹，克郊。還，滑羅殿。未出，不退於列。其御曰：「殿而在列，其爲無勇乎！」羅曰：「與其素厲，寧爲無勇。」

仲由爲季氏宰，將墮三都，於是叔孫氏墮郈。季氏將墮費，公山不狃、叔孫輒帥費人以襲魯。公與三子入於季氏之宮，登武子之臺。費人攻之，弗克。入及公側，仲尼命申句須、樂頎下，伐之，費人北。國人追之，敗諸姑蔑。二子奔齊，遂墮費。將墮成，公斂處父謂孟孫：「墮成，齊人必至於北門。且成，孟氏之保障也。無成，是無孟氏也。子僞不知，我將不墮。」冬十二月，公圍成，弗克。

經（定公十三年）

十有三年春，齊侯、衛侯次於垂葭。

夏，築蛇淵囿。

大蒐於比蒲。

衛公孟彄帥師伐曹。

秋，晉趙鞅入於晉陽以叛。

冬，晉荀寅、士吉射入於朝歌以叛。

晉趙鞅歸於晉。

薛弒其君比。

傳（定公十三年）

十三年春，齊侯、衛侯次於垂葭，實郥氏。使師伐晉。將濟河，諸大夫皆曰不可，邴意茲曰：「可。銳師伐河內，傳必數日而後及絳。絳不三月不能出河，則我既濟水矣。」乃伐河內。

齊侯皆斂諸大夫之軒，唯邴意茲乘軒。齊侯欲與衛侯乘，與之宴而駕乘廣，載甲焉。使告曰：「晉師至矣！」齊侯曰：「比君之駕也，寡人請攝。」乃介而與之乘，驅之。

經（定公十二年）

十有二年春，薛伯定卒。
夏，葬薛襄公。
叔孫州仇帥師墮郈。
衛公孟彄帥師伐曹。
季孫斯、仲孫何忌帥師墮費。
秋，大雩。
冬十月癸亥，公會齊侯盟于黃。
十有一月丙寅朔，日有食之。
公至自黃。
十有二月，公圍成。
公至自圍成。

傳（定公十二年）

十二年夏，衛公孟彄伐曹，克郊，還，滑羅殿。未出，不退於列。其御曰：「殿而在列，其爲無勇乎！」羅曰：「與其素厲，寧爲無勇。」
仲由爲季氏宰，將墮三都，於是叔孫氏墮郈。季氏將墮費，公山不狃、叔孫輒帥費人以襲魯。公與三子入于季氏之宮，登武子之臺。費人攻之，弗克，入及公側。仲尼命申句須、樂頎下，伐之，費人北。國人追之，敗諸姑蔑。二子奔齊，遂墮費。將墮成，公斂處父謂孟孫：「墮成，齊人必至于北門。且成，孟氏之保障也，無成，是無孟氏也。子僞不知，我將不墮。」冬十二月，公圍成，弗克。

經（定公十三年）

十有三年春，齊侯、衛侯次于垂葭。
夏，築蛇淵囿。
大蒐于比蒲。
衛公孟彄帥師伐曹。
秋，晉趙鞅入于晉陽以叛。
冬，晉荀寅、士吉射入于朝歌以叛。
晉趙鞅歸于晉。
薛弒其君比。

傳（定公十三年）

十三年春，齊侯、衛侯次于垂葭，田于犬丘。
晉趙鞅謂邯鄲午曰：「歸我衛貢五百家，吾舍諸晉陽。」午許諾。歸，告其父兄，父兄皆曰：「不可。衛是以爲邯鄲，而置諸晉陽，絕衛之道也。不如侵齊而謀之。」乃如之，而歸之于晉陽。趙孟怒，召午，而囚諸晉陽。使其從者說劍而入，涉賓不可。乃使告邯鄲人曰：「吾私有討於午也，二三子唯所欲立。」遂殺午。趙稷、涉賓以邯鄲叛。夏六月，上軍司馬籍秦圍邯鄲。邯鄲午，荀寅之甥也；荀寅，范吉射之姻也，而相與睦。故不與圍邯鄲，將作亂。董安于聞之，告趙孟曰：「先備諸。」趙孟曰：「晉國有命，始禍者死，爲後可也。」安于曰：「與其害於民，寧我獨死，請以我說。」趙孟不可。
秋七月，范氏、中行氏伐趙氏之宮，趙鞅奔晉陽，晉人圍之。范皋夷無寵於范吉射，而欲爲亂於范氏。梁嬰父嬖於知文子，文子欲以爲卿。韓簡子與中行文子相惡，魏襄子亦與范昭子相惡。故五子謀，將逐荀寅，而以梁嬰父代之；逐范吉射，而以范皋夷代之。荀躒言於晉侯曰：「君命大臣，始禍者死，載書在河。今三臣始禍，而獨逐鞅，刑已不鈞矣。請皆逐之。」冬十一月，荀躒、韓不信、魏曼多奉公以伐范氏、中行氏，弗克。

或告曰：「無晉師。」乃止。

晉趙鞅謂邯鄲午曰：「歸我衛貢五百家，吾舍諸晉陽。」午許諾。歸告其父兄。父兄皆曰：「不可。衛是以爲邯鄲，而寘諸晉陽，絶衛之道也。不如侵齊而謀之。」乃如之，而歸之於晉陽。趙孟怒，召午，而囚諸晉陽，使其從者説劍而入，涉賓不可。乃使告邯鄲人曰：「吾私有討於午也，二三子唯所欲立。」遂殺午。趙稷、涉賓以邯鄲叛。夏六月，上軍司馬籍秦圍邯鄲。邯鄲午，荀寅之甥也；荀寅，范吉射之姻也，而相與睦，故不與圍邯鄲，將作亂。董安于聞之，告趙孟，曰：「先備諸？」趙孟曰：「晉國有命，始禍者死，爲後可也。」安于曰：「與其害於民，寧我獨死。請以我説。」趙孟不可。秋七月，范氏、中行氏伐趙氏之宫，趙鞅奔晉陽，晉人圍之。

范皋夷無寵於范吉射，而欲爲亂於范氏。梁嬰父嬖於知文子，文子欲以爲卿。韓簡子與中行文子相惡，魏襄子亦與范昭子相惡。故五子謀，將逐荀寅，而以梁嬰父代之；逐范吉射，而以范皋夷代之。荀躒言於晉侯曰：「君命大臣，始禍者死，載書在河。今三臣始禍，而獨逐鞅，刑已不鈞矣。請皆逐之。」冬十一月，荀躒、韓不信、魏曼多奉公以伐范氏、中行氏，弗克。二子將伐公。齊高彊曰：「三折肱知爲良醫。唯伐君爲不可，民弗與也。我以伐君在此矣。三家未睦，可盡克也。克之，君將誰與？若先伐君，是使睦也。」弗聽，遂伐公。國人助公，二子敗，從而伐之。丁未，荀寅、士吉射奔朝歌。

韓、魏以趙氏爲請。十二月辛未，趙鞅入於絳，盟於公宫。

初，衛公叔文子朝，而請享靈公。退，見史鰌而告之。史鰌曰：「子必禍矣！子富而君貪，其及子乎！」文子曰：「然。吾不先告子，是吾罪也。君既許我矣，其若之何？」史鰌曰：「無害。子臣，可以免。富而能臣，必免於難。上下同之。戍也驕，其亡乎！富而不驕者鮮，吾唯子之見。驕而不亡者，未之有也。戍必與焉。」及文子卒，衛侯始惡於公叔戍，以其富也。公叔戍又將去夫人之黨，夫人愬之曰：「戍將爲亂。」

經（定公十四年）

十有四年春，衛公叔戍來奔。衛趙陽出奔宋。

二月辛巳，楚公子結、陳公孫佗人帥師滅頓，以頓子牂歸。

夏，衛北宫結來奔。

五月，於越敗吴於檇李。

吴子光卒。

公會齊侯、衛侯於牽。

公至自會。

秋，齊侯、宋公會於洮。

天王使石尚來歸脤。

衛世子蒯聵出奔宋。

衛公孟彄出奔鄭。

宋公之弟辰自蕭來奔。

大蒐於比蒲。

邾子來會公。

城莒父及霄。

傳（定公十四年）

十四年春，衛侯逐公叔戌與其黨，故趙陽奔宋，戌來奔。

梁嬰父惡董安于，謂知文子曰：「不殺安于，使終爲政於趙氏，趙氏必得晉國，盍以其先發難也討於趙氏？」文子使告於趙孟曰：「范、中行氏雖信爲亂，安于則發之，是安于與謀亂也。晉國有命，始禍者死。二子既伏其罪矣，敢以告。」趙孟患之。安于曰：「我死而晉國寧，趙氏定，將焉用生？人誰不死？吾死莫矣。」乃縊而死。趙孟尸諸市，而告於知氏曰：「主命戮罪人安于，既伏其罪矣，敢以告。」知伯從趙孟盟，而後趙氏定，祀安于於廟。

頓子牂欲事晉，背楚而絕陳好。二月，楚滅頓。

夏，衛北宮結來奔，公叔戌之故也。

吳伐越，越子句踐禦之，陳於檇李。句踐患吳之整也，使死士再禽焉，不動。使罪人三行，屬劍於頸，而辭曰：「二君有治，臣奸旂鼓。不敏於君之行前，不敢逃刑，敢歸死。」遂自剄也。師屬之目，越子因而伐之，大敗之。靈姑浮以戈擊闔廬，闔廬傷將指，取其一屨。還，卒於陘，去檇李七里。夫差使人立於庭，苟出入，必謂己曰：「夫差！而忘越王之殺而父乎？」則對曰：「唯。不敢忘！」三年乃報越。

晉人圍朝歌，公會齊侯、衛侯於脾、上梁之間，謀救范、中行氏。析成鮒、小王桃甲率狄師以襲晉，戰於絳中，不克而還。士鮒奔周，小王桃甲入於朝歌。

秋，齊侯、宋公會於洮，范氏故也。

衛侯爲夫人南子召宋朝。會於洮，大子蒯聵獻盂於齊，過宋野。野人歌之曰：「既定爾婁豬，盍歸吾艾豭？」大子羞之，謂戲陽速曰：「從我而朝少君，少君見我，我顧，乃殺之。」速曰：「諾。」乃朝夫人。夫人見大子。大子三顧，速不進。夫人見其色，啼而走，曰：「蒯聵將殺余。」公執其手以登臺。大子奔宋。盡逐其黨，故公孟彄出奔鄭，自鄭奔齊。大子告人曰：「戲陽速禍余。」戲陽速告人曰：「大子則禍余。大子無道，使余殺其母。余不許，將戕於余，若殺夫人，將以余說。余是故許而弗爲，以紓余死。諺曰：『民保於信』，吾以信義也。」

冬十二月，晉人敗范、中行氏之師於潞，獲籍秦、高彊。又敗鄭師及范氏之師於百泉。

經（定公十五年）

十有五年春王正月，邾子來朝。

鼷鼠食郊牛，牛死，改卜牛。

二月辛丑，楚子滅胡，以胡子豹歸。

夏五月辛亥，郊。

壬申，公薨於高寢。

鄭罕達帥師伐宋。

齊侯、衛侯次於渠蒢。

邾子來奔喪。

秋七月壬申，姒氏卒。

八月庚辰朔，日有食之。

九月，滕子來會葬。

丁巳，葬我君定公，雨，不克葬。戊午，日下昃，乃克葬。

辛巳，葬定姒。

冬，城漆。

傳（定公十五年）

十五年春，邾隱公來朝。子貢觀焉。邾子執玉高，其容仰；公受玉卑，其容俯。子貢曰：「以禮觀之，二君者，皆有死亡焉。夫禮，死生存亡之體也，將左右、周旋，進退、俯仰，於是乎取之；朝、祀、喪、戎，於是乎觀之。今正月相朝，而皆不度，心已亡矣。嘉事不體，何以能久？高、仰，驕也；卑、俯，替也。驕近亂，替近疾，君爲主，其先亡乎！」

吳之入楚也，胡子盡俘楚邑之近胡者。楚既定，胡子豹又不事楚，曰：「存亡有命，事楚何爲？多取費焉。」二月，楚滅胡。

夏五月壬申，公薨。仲尼曰：「賜不幸言而中，是使賜多言者也。」

鄭罕達敗宋師於老丘。

齊侯、衛侯次於蘧挐，謀救宋也。

秋七月壬申，姒氏卒。不稱夫人，不赴，且不祔也。

葬定公，雨，不克襄事，禮也。

葬定姒，不稱小君，不成喪也。

冬，城漆，書不時告也。

哀公

經（哀公元年）

元年春王正月，公即位。

楚子、陳侯、隨侯、許男圍蔡。

鼷鼠食郊牛，改卜牛。夏四月辛巳，郊。

秋，齊侯、衞侯伐晉。

冬，仲孫何忌帥師伐邾。

傳（哀公元年）

元年春，楚子圍蔡，報柏舉也。里而栽，廣丈，高倍。夫屯晝夜九日，如子西之素。蔡人男女以辨。使疆於江、汝之間而還。蔡於是乎請遷於吳。

吳王夫差敗越於夫椒，報檇李也。遂入越。越子以甲楯五千保於會稽，使大夫種因吳大宰嚭以行成。吳子將許之。伍員曰：「不可。臣聞之：『樹德莫如滋，去疾莫如盡。』昔有過澆殺斟灌以伐斟鄩，滅夏后相，后緡方娠，逃出自竇，歸於有仍，生少康焉。爲仍牧正，惎澆能戒之。澆使椒求之，逃奔有虞，爲之庖正，以除其害。虞思於是妻之以二姚，而邑諸綸，有田一成，有衆一旅。能布其德，而兆其謀，以收夏衆，撫其官職；使女艾諜澆，使季杼誘豷。遂滅過、戈，復禹之績，祀夏配天，不失舊物。今吳不如過，而越大於少康，或將豐之，不亦難乎！句踐能親而務施，施不失人，親不棄勞。與我同壤，而世爲仇讎。於是乎克而弗取，將又存之，違天而長寇讎，後雖悔之，不可食已。姬之衰也，日可俟也。介在蠻夷，而長寇讎，以是求伯，必不行矣。」弗聽。退而告人曰：「越十年生聚，而十年教訓，二十年之外，吳其爲沼乎！」三月，越及吳平。吳入越，不書，吳不告慶、越不告敗也。

夏四月，齊侯、衞侯救邯鄲，圍五鹿。

吳之入楚也，使召陳懷公。懷公朝國人而問焉，曰：「欲與楚者右，欲與吳者左。陳人從田，無田從黨。」逢滑當公而進，曰：「臣聞：國之興也以福，其亡也以禍。今吳未有福，楚未有禍，楚未可棄，吳未可從。而晉，盟主也；若以晉辭吳，若何？」公曰：「國勝君亡，非禍而何？」對曰：「國之有是多矣，何必不復？小國猶復，況大國乎？臣聞：國之興也，視民如傷，是其福也；其亡也，以民爲土芥，是其禍也。楚雖無德，亦不艾殺其民。吳日敝於兵，暴骨如莽，而未見德焉。天其或者正訓楚也，禍之適吳，其何日之有？」陳侯從之。及夫差克越，乃修先君之怨。秋八月，吳侵陳，修舊怨也。

齊侯、衞侯會於乾侯，救范氏也。師及齊師、衞孔圉、鮮虞人伐晉，取棘蒲。

吳師在陳，楚大夫皆懼，曰：「闔廬惟能用其民，以敗我於柏舉。今聞其嗣又甚焉，將若之何？」子西曰：「二三子恤不相睦，無患吳矣。昔闔廬食不二味，居不重席，室不崇壇，器不彤鏤，宮室不觀，舟車不飾；衣服財用，擇不取費。在國，天有災癘，親巡孤寡而共其乏困。在軍，熟食者分而後敢食，其所嘗者，卒乘與焉。勤恤其民，而與之勞逸，是以民不罷勞，死知不曠。吾先大夫子常易之，所以敗我也。今聞夫差，次

有臺榭陂池焉，宿有妃嬙嬪御焉；一日之行，所欲必成，玩好必從；珍異是聚，觀樂是務；視民如讎，而用之日新。夫先自敗也已，安能敗我？」

冬十一月，晉趙鞅伐朝歌。

經（哀公二年）

二年春王二月，季孫斯、叔孫州仇、仲孫何忌帥師伐邾，取漷東田及沂西田。癸巳，叔孫州仇、仲孫何忌及邾子盟於句繹。

夏四月丙子，衛侯元卒。

滕子來朝。

晉趙鞅帥師納衛世子蒯聵於戚。

秋八月甲戌，晉趙鞅帥師及鄭罕達帥師戰於鐵。鄭師敗績。

冬十月，葬衛靈公。

十有一月，蔡遷於州來。蔡殺其大夫公子駟。

傳（哀公二年）

二年春，伐邾，將伐絞。邾人愛其土，故賂以漷、沂之田而受盟。

初，衛侯游於郊，子南僕。公曰：「余無子，將立女。」不對。他日又謂之，對曰：「郢不足以辱社稷，君其改圖。君夫人在堂，三揖在下，君命祇辱。」夏，衛靈公卒。夫人曰：「命公子郢爲大子，君命也。」對曰：「郢異於他子，且君沒於吾手，若有之，郢必聞之。且亡人之子輒在。」乃立輒。六月乙酉，晉趙鞅納衛大子於戚。宵迷，陽虎曰：「右河而南，必至焉。」使大子絻，八人衰絰，僞自衛逆者。告於門，哭而入，遂居之。

秋八月，齊人輸范氏粟，鄭子姚、子般送之。士吉射逆之，趙鞅禦之，遇於戚。陽虎曰：「吾車少，以兵車之旆與罕、駟兵車先陳。罕、駟自後隨而從之，彼見吾貌，必有懼心，於是乎會之，必大敗之。」從之。卜戰，龜焦。樂丁曰：「《詩》曰：『爰始爰謀，爰契我龜。』謀協，以故兆詢可也。」簡子誓曰：「范氏、中行氏反易天明，斬艾百姓，欲擅晉國而滅其君。寡君恃鄭而保焉。今鄭爲不道，棄君助臣，二三子順天明，從君命，經德義，除詬恥，在此行也。克敵者，上大夫受縣，下大夫受郡，士田十萬，庶人工商遂，人臣隸圉免。志父無罪，君實圖之！若其有罪，絞縊以戮，桐棺三寸，不設屬辟，素車樸馬，無入於兆，下卿之罰也。」

甲戌，將戰，郵無恤御簡子，衛大子爲右。登鐵上，望見鄭師衆，大子懼，自投於車下。子良授大子綏，而乘之，曰：「婦人也。」簡子巡列，曰：「畢萬，匹夫也，七戰皆獲，有馬百乘，死於牖下。羣子勉之！死不在寇。」繁羽御趙羅，宋勇爲右。羅無勇，麇之。吏詰之，御對曰：「痁作而伏。」衛大子禱曰：「曾孫蒯聵敢昭告皇祖文王、烈祖康叔，文祖襄公：鄭勝亂從，晉午在難，不能治亂，使鞅討之。蒯聵不敢自佚，備持矛焉。敢告無絶筋，無折骨，無面傷，以集大事，無作三祖羞。大命不敢請，佩玉不敢愛。」

鄭人擊簡子中肩，斃於車中，獲其蠭旂。大子救之以戈。鄭師北，獲温大夫趙羅。大子復伐之，鄭師大敗，獲齊粟千車。趙孟喜曰：「可矣。」傅叟曰：「雖克鄭，猶有知在，憂未艾也。」

初，周人與范氏田，公孫尨税焉，趙氏得而獻之。吏請殺之。趙孟曰：「爲其主也，何罪？」止而與之田。及鐵之戰，以徒五百人宵攻鄭師，取蠭旂於子姚之幕下，獻，曰：「請報主德。」追鄭師，姚、般、公孫林殿而射，前列多死。趙孟曰：「國無小。」既戰，簡子曰：「吾伏弢嘔血，鼓音不衰，今日我上也。」大子曰：「吾救主於車，退敵於下，我，右之上也。」郵良曰：「我兩靷將絶，吾能止之，我，御之上也。」駕而乘材，兩靷皆絶。

吴洩庸如蔡納聘。而稍納師。師畢入，衆知之。蔡侯告大夫，殺公子駟以説。哭而遷墓。冬，蔡遷於州來。

經（哀公三年）

三年春，齊國夏、衛石曼姑帥師圍戚。

夏四月甲午，地震。

五月辛卯，桓宫、僖宫災。

季孫斯、叔孫州仇帥師城啓陽。

宋樂髡帥師伐曹。

秋七月丙子，季孫斯卒。

蔡人放其大夫公孫獵於吴。

冬十月癸卯，秦伯卒。

叔孫州仇、仲孫何忌帥師圍邾。

傳（哀公三年）

三年春，齊、衛圍戚，求援於中山。

夏五月辛卯，司鐸火。火踰公宫，桓、僖災。救火者皆曰顧府。南宫敬至，命周人出御書，俟於宫，曰：「庀女，而不在，死。」子服景伯至，命宰人出禮書，以待命。命不共，有常刑。校人乘馬，巾車脂轄，百官官備，府庫慎守，官人肅給。濟濡帷幕，鬱攸從之。蒙葺公屋，自太廟始，外内以悛。助所不給。有不用命，則有常刑，無赦。公父文伯至，命校人駕乘車。季桓子至，御公立於象魏之外，命救火者傷人則止，財可爲也。命藏《象魏》，曰：「舊章不可亡也。」富父槐至，曰：「無備而官辦者，猶拾瀋也。」於是乎去表之槁，道還公宫。

孔子在陳，聞火，曰：「其桓、僖乎！」

劉氏、范氏世爲婚姻，萇弘事劉文公，故周與范氏。趙鞅以爲討。六月癸卯，周人殺萇弘。

秋，季孫有疾，命正常曰：「無死！南孺子之子，男也，則以告而立之；女也，則肥也可。」季孫卒，康子即位。既葬，康子在朝。南氏生男，正常載以如朝，告曰：「夫

子有遺言，命其圉臣曰：『南氏生男，則以告於君與大夫而立之。』今生矣，男也，敢告。」遂奔衛。康子請退。公使共劉視之，則或殺之矣。乃討之。召正常，正常不反。

冬十月，晉趙鞅圍朝歌，師於其南，荀寅伐其郛，使其徒自北門入，己犯師而出。癸丑，奔邯鄲。

十一月，趙鞅殺士皋夷，惡范氏也。

經（哀公四年）

四年春王二月庚戌，盜殺蔡侯申。

蔡公孫辰出奔吳。

葬秦惠公。

宋人執小邾子。

夏，蔡殺其大夫公孫姓、公孫霍。

晉人執戎蠻子赤歸於楚。

城西郛。

六月辛丑，亳社災。

秋八月甲寅，滕子結卒。

冬十有二月，葬蔡昭公。

葬滕頃公。

傳（哀公四年）

四年春，蔡昭將如吳。諸大夫恐其又遷也，承；公孫翩逐而射之，入於家人而卒。以兩矢門之，衆莫敢進。文之鍇後至，曰：「如牆而進，多而殺二人。」鍇執弓而先，翩射之，中肘；鍇遂殺之。故逐公孫辰而殺公孫姓、公孫盱。

夏，楚人既克夷虎，乃謀北方。左司馬眅、申公壽餘、葉公諸梁致蔡於負函，致方城之外於繒關，曰：「吳將泝江入郢，將奔命焉。」爲一昔之期，襲梁及霍。單浮餘圍蠻氏，蠻氏潰。蠻子赤奔晉陰地。司馬起豐、析與狄戎，以臨上雒。左師軍於菟和，右師軍於倉野，使謂陰地之命大夫士蔑曰：「晉、楚有盟，好惡同之。若將不廢，寡君之願也。不然，將通於少習以聽命。」士蔑請諸趙孟。趙孟曰：「晉國未寧，安能惡於楚？必速與之！」士蔑乃致九州島之戎，將裂田以與蠻子而城之，且將爲之卜。蠻子聽卜，遂執之與其五大夫，以畀楚師於三户。司馬致邑立宗焉，以誘其遺民，而盡俘以歸。

秋七月，齊陳乞、弦施、衛寧跪救范氏。庚午，圍五鹿。九月，趙鞅圍邯鄲。冬十一月，邯鄲降。荀寅奔鮮虞，趙稷奔臨。十二月，弦施逆之，遂墮臨。國夏伐晉，取邢、任、欒、鄗、逆時、陰人、盂、壺口，會鮮虞，納荀寅於柏人。

經（哀公五年）

五年春，城毗。

夏，齊侯伐宋。

晉趙鞅帥師伐衛。

秋九月癸酉，齊侯杵臼卒。

冬，叔還如齊。

閏月，葬齊景公。

傳（哀公五年）

五年春，晉圍柏人，荀寅、士吉射奔齊。

初，范氏之臣王生惡張柳朔，言諸昭子，使爲柏人。昭子曰：「夫非而讎乎？」對曰：「私讎不及公，好不廢過，惡不去善，義之經也，臣敢違之？」及范氏出，張柳朔謂其子：「爾從主，勉之！我將止死，王生授我矣，吾不可以僭之。」遂死於柏人。

夏，趙鞅伐衛，范氏之故也，遂圍中牟。

齊燕姬生子，不成而死。諸子鬻姒之子荼嬖，諸大夫恐其爲大子也，言於公曰：「君之齒長矣，未有大子，若之何？」公曰：「二三子間於憂虞，則有疾疢，亦姑謀樂，何憂於無君？」公疾，使國惠子、高昭子立荼，寘羣公子於萊。秋，齊景公卒。冬十月，公子嘉、公子駒、公子黔奔衛，公子鉏、公子陽生來奔。萊人歌之曰：「景公死乎不與埋，三軍之事乎不與謀，師乎師乎，何黨之乎？」

鄭駟秦富而侈，嬖大夫也，而常陳卿之車服於其庭。鄭人惡而殺之。子思曰：「《詩》曰：『不解於位，民之攸塈。』不守其位而能久者鮮矣。《商頌》曰：『不僭不濫，不敢怠皇，命以多福。』」

經（哀公六年）

六年春，城邾瑕。

晉趙鞅帥師伐鮮虞。

吳伐陳。

夏，齊國夏及高張來奔。

叔還會吳於柤。

秋七月庚寅，楚子軫卒。

齊陽生入於齊。

齊陳乞弒其君荼。

冬，仲孫何忌帥師伐邾。

宋向巢帥師伐曹。

傳（哀公六年）

六年春，晉伐鮮虞，治范氏之亂也。

吳伐陳，復修舊怨也。楚子曰：「吾先君與陳有盟，不可以不救。」乃救陳，師於城父。

齊陳乞僞事高、國者，每朝，必驂乘焉。所從，必言諸大夫曰：「彼皆偃蹇，將棄子之命。皆曰：『高、國得君，必偪我，盍去諸？』固將謀子，子早圖之！圖之，莫如盡滅之。需，事之下也。」及朝，則曰：「彼，虎狼也。見我在子之側，殺我無日矣，

請就之位。」又謂諸大夫曰：「二三子者禍矣，恃得君而欲謀二三子，曰：『國之多難，貴寵之由，盡去之而後君定。』既成謀矣，盍及其未作也，先諸？作而後悔，亦無及也。」大夫從之。夏六月戊辰，陳乞、鮑牧及諸大夫以甲入於公宮。昭子聞之，與惠子乘如公。戰於莊，敗。國人追之，國夏奔莒，遂及高張、晏圉、弦施來奔。

秋七月，楚子在城父，將救陳。卜戰，不吉；卜退，不吉。王曰：「然則死也。再敗楚師，不如死；棄盟、逃讎，亦不如死。死一也，其死讎乎！」命公子申爲王，不可；則命公子結，亦不可；則命公子啓，五辭而後許。將戰，王有疾。庚寅，昭王攻大冥，卒於城父。子閭退，曰：「君王舍其子而讓，羣臣敢忘君乎？從君之命，順也；立君之子，亦順也。二順不可失也。」與子西、子期謀，潛師閉塗，逆越女之子章立之，而後還。

是歲也，有云如衆赤鳥，夾日以飛三日。楚子使問諸周大史。周大史曰：「其當王身乎！若禜之，可移於令尹、司馬。」王曰：「除腹心之疾，而寘諸股肱，何益？不穀不有大過，天其夭諸？有罪受罰，又焉移之？」遂弗禜。

初，昭王有疾，卜曰：「河爲祟。」王弗祭。大夫請祭諸郊。王曰：「三代命祀，祭不越望。江、漢、睢、漳，楚之望也。禍福之至，不是過也。不穀雖不德，河非所獲罪也。」遂弗祭。孔子曰：「楚昭王知大道矣。其不失國也，宜哉！《夏書》曰：『惟彼陶唐，帥彼天常，有此冀方。今失其行，亂其紀綱，乃滅而亡。』又曰：『允出茲在茲。』由己率常，可矣。」

八月，齊邴意茲來奔。

陳僖子使召公子陽生。陽生駕而見南郭且于，曰：「嘗獻馬於季孫，不入於上乘，故又獻此，請與子乘之。」出萊門而告之故。闞止知之，先待諸外。公子曰：「事未可知，反，與壬也處。」戒之，遂行。逮夜，至於齊，國人知之。僖子使子士之母養之，與饋者皆入。

冬十月丁卯，立之。將盟，鮑子醉而往。其臣差車鮑點曰：「此誰之命也？」陳子曰：「受命於鮑子。」遂誣鮑子曰：「子之命也！」鮑子曰：「女忘君之爲孺子牛而折其齒乎，而背之也？」悼公稽首，曰：「吾子，奉義而行者也。若我可，不必亡一大夫；若我不可，不必亡一公子。義則進，否則退，敢不唯子是從？廢興無以亂，則所願也。」鮑子曰：「誰非君之子？」乃受盟。使胡姬以安孺子如賴，去鬻姒，殺王甲，拘江說，囚王豹於句竇之丘。

公使朱毛告於陳子，曰：「微子，則不及此。然君異於器，不可以二。器二不匱，君二多難，敢布諸大夫。」僖子不對而泣，曰：「君舉不信羣臣乎？以齊國之困，困又有憂，少君不可以訪，是以求長君，庶亦能容羣臣乎！不然夫孺子何罪？」毛復命，公悔之。毛曰：「君大訪於陳子，而圖其小可也。」使毛遷孺子於駘。不至，殺諸野幕之下，葬諸殳冒淳。

經（哀公七年）

七年春，宋皇瑗帥師侵鄭。

晉魏曼多帥師侵衛。

夏，公會吳於鄫。

秋，公伐邾。八月己酉，入邾，以邾子益來。

宋人圍曹。

冬，鄭駟弘帥師救曹。

傳（哀公七年）

七年春，宋師侵鄭，鄭叛晉故也。

晉師侵衛，衛不服也。

夏，公會吳於鄫。吳來征百牢。子服景伯對曰：「先王未之有也。」吳人曰：「宋百牢我，魯不可以後宋。且魯牢晉大夫過十，吳王百牢，不亦可乎？」景伯曰：「晉范鞅貪而棄禮，以大國懼敝邑，故敝邑十一牢之，君若以禮命於諸侯，則有數矣。若亦棄禮，則有淫者矣。周之王也，制禮，上物不過十二，以爲天之大數也。今棄周禮，而曰必百牢，亦唯執事。」吳人弗聽。景伯曰：「吳將亡矣，棄天而背本。不與，必棄疾於我。」乃與之。

大宰嚭召季康子，康子使子貢辭。大宰嚭曰：「國君道長，而大夫不出門，此何禮也？」對曰：「豈以爲禮？畏大國也。大國不以禮命於諸侯，苟不以禮，豈可量也？寡君既共命焉，其老豈敢棄其國？大伯端委以治周禮，仲雍嗣之，斷髮文身，裸以爲飾，豈禮也哉？有由然也。」反自鄫，以吳爲無能爲也。

季康子欲伐邾，乃饗大夫以謀之。子服景伯曰：「小所以事大，信也；大所以保小，仁也。背大國，不信；伐小國，不仁。民保於城，城保於德。失二德者，危，將焉保？」孟孫曰：「二三子以爲何如？惡賢而逆之？」對曰：「禹合諸侯於塗山，執玉帛者萬國。今其存者，無數十焉，唯大不字小、小不事大也。知必危，何故不言？魯德如邾，而以衆加之，可乎？」不樂而出。

秋，伐邾，及范門，猶聞鐘聲。大夫諫，不聽。茅成子請告於吳，不許，曰：「魯擊柝聞於邾；吳二千里，不三月不至，何及於我？且國內豈不足？」成子以茅叛，師遂入邾，處其公宮。衆師晝掠，邾衆保於繹。師宵掠，以邾子益來，獻於亳社，因諸負瑕，負瑕故有繹。

邾茅夷鴻以束帛乘韋自請救於吳，曰：「魯弱晉而遠吳，馮恃其衆，而背君之盟，辟君之執事，以陵我小國。邾非敢自愛也，懼君威之不立。君威之不立，小國之憂也。若夏盟於鄫衍，秋而背之，成求而不違，四方諸侯其何以事君？且魯賦八百乘，君之貳也；邾賦六百乘，君之私也。以私奉貳，唯君圖之！」吳子從之。

宋人圍曹，鄭桓子思曰：「宋人有曹，鄭之患也，不可以不救。」冬，鄭師救曹，侵宋。初，曹人或夢衆君子立於社宮，而謀亡曹。曹叔振鐸請待公孫彊，許之。旦而求之，曹無之。戒其子曰：「我死，爾聞公孫彊爲政，必去之。」及曹伯陽即位，好田弋。

曹鄙人公孫彊好弋，獲白雁，獻之，且言田弋之説，説之。因訪政事，大説之。有寵，使爲司城以聽政。夢者之子乃行。彊言霸説於曹伯，曹伯從之，乃背晉而奸宋。宋人伐之，晉人不救，築五邑於其郊，曰黍丘、揖丘、大城、鍾、邘。

經（哀公八年）

八年春王正月，宋公入曹，以曹伯陽歸。

吴伐我。

夏，齊人取讙及闡。

歸邾子益於邾。

秋七月。

冬十有二月癸亥，杞伯過卒。

齊人歸讙及闡。

傳（哀公八年）

八年春，宋公伐曹將還，褚師子肥殿。曹人詬之，不行。師待之。公聞之，怒，命反之，遂滅曹，執曹伯陽及司城彊以歸，殺之。

吴爲邾故，將伐魯，問於叔孫輒。叔孫輒對曰：「魯有名而無情，伐之必得志焉。」退而告公山不狃。公山不狃曰：「非禮也。君子違，不適讎國。未臣而有伐之，奔命焉，死之可也。所托也則隱。且夫人之行也，不以所惡廢鄉。今子以小惡而欲覆宗國，不亦難乎？若使子率，子必辭。王將使我。」子張疾之。王問於子洩。對曰：「魯雖無與立，必有與斃；諸侯將救之，未可以得志焉。晉與齊、楚輔之，是四讎也。夫魯，齊、晉之脣。脣亡齒寒，君所知也，不救何爲？」

三月，吴伐我，子洩率，故道險，從武城。初，武城人或有因於吴竟田焉，拘鄫人之漚菅者，曰：「何故使吾水滋？」及吴師至，拘者道之以伐武城，克之。王犯嘗爲之宰，澹臺子羽之父好焉，國人懼。懿子謂景伯：「若之何？」對曰：「吴師來，斯與之戰，何患焉？且召之而至，又何求焉？」吴師克東陽而進，舍於五梧。明日，舍於蠶室。公賓庚、公甲叔子與戰於夷，獲叔子與析朱鉏，獻於王。王曰：「此同車，必使能，國未可望也。」明日，舍於庚宗，遂次於泗上。微虎欲宵攻王舍，私屬徒七百人三踊於幕庭，卒三百人，有若與焉。及稷門之内，或謂季孫曰：「不足以害吴，而多殺國士，不如已也。」乃止之。吴子聞之，一夕三遷。

吴人行成，將盟，景伯曰：「楚人圍宋，易子而食，析骸而爨，猶無城下之盟；我未及虧，而有城下之盟，是棄國也。吴輕而遠，不能久，將歸矣，請少待之。」弗從。景伯負載，造於萊門。乃請釋子服何於吴，吴人許之，以王子姑曹當之，而後止。吴人盟而還。

齊悼公之來也，季康子以其妹妻之，即位而逆之。季魴侯通焉，女言其情，弗敢與也。齊侯怒。夏五月，齊鮑牧帥師伐我，取讙及闡。

或譖胡姬於齊侯曰：「安孺子之黨也。」六月，齊侯殺胡姬。

齊侯使如吴請師，將以伐我，及歸邾子。邾子又無道，吴子使大宰子餘討之，囚諸樓台，栫之以棘。使諸大夫奉大子革以爲政。

秋，及齊平。九月，臧賓如如齊涖盟。齊閭丘明來涖盟，且逆季姬以歸，嬖。鮑牧又謂羣公子曰：「使女有馬千乘乎？」公子愬之。公謂鮑子：「或譖子，子姑居於潞以察之。若有之，則分室以行；若無之，則反子之所。」出門，使以三分之一行；半道，使以二乘。及潞，麇之以入，遂殺之。

冬十二月，齊人歸讙及闡，季姬嬖故也。

經（哀公九年）

九年春王二月，葬杞僖公。

宋皇瑗帥師取鄭師於雍丘。

夏，楚人伐陳。

秋，宋公伐鄭。

冬十月。

傳（哀公九年）

九年春，齊侯使公孟綽辭師於吴。吴子曰：「昔歲寡人聞命，今又革之，不知所從，將進受命於君。」

鄭武子賸之嬖許瑕求邑，無以與之。請外取，許之，故圍宋雍丘。宋皇瑗圍鄭師，每日遷舍，壘合。鄭師哭。子姚救之，大敗。二月甲戌，宋取鄭師於雍丘，使有能者無死，以郟張與鄭羅歸。

夏，楚人伐陳，陳即吴故也。

宋公伐鄭。

秋，吴城邗，溝通江、淮。

晉趙鞅卜救鄭，遇水適火，占諸史趙、史墨、史龜。史龜曰：「是謂沈陽，可以興兵，利以伐姜，不利子商。伐齊則可，敵宋不吉。」史墨曰：「盈，水名也；子，水位也。名位敵，不可干也。炎帝爲火師，姜姓其後也。水勝火，伐姜則可。」史趙曰：「是謂如川之滿，不可游也。鄭方有罪，不可救也。救鄭則不吉，不知其它。」陽虎以《周易》筮之，遇《泰》䷊之《需》䷄曰：「宋方吉，不可與也。微子啓，帝乙之元子也。宋、鄭，甥舅也。祉，禄也。若帝乙之元子歸妹而有吉禄，我安得吉焉？」乃止。

冬，吴子使來儆師伐齊。

經（哀公十年）

十年春王二月，邾子益來奔。

公會吴伐齊。

三月戊戌，齊侯陽生卒。

夏，宋人伐鄭。

晉趙鞅帥師侵齊。
五月，公至自伐齊。
葬齊悼公。
衛公孟彄自齊歸於衛。
薛伯夷卒。
秋，葬薛惠公。
冬，楚公子結帥師伐陳。
吴救陳。

傳（哀公十年）

十年春，邾隱公來奔；齊甥也，故遂奔齊。
公會吴子、邾子、郯子伐齊南鄙，師於鄎。
齊人弑悼公，赴於師。吴子三日哭於軍門之外。徐承帥舟師將自海入齊，齊人敗之，吴師乃還。
夏，趙鞅帥師伐齊，大夫請卜之。趙孟曰：「吾卜於此起兵，事不再令，卜不襲吉。行也！」於是乎取犂及轅，毁高唐之郭，侵及賴而還。
秋，吴子使來復儆師。
冬，楚子期伐陳，吴延州來季子救陳，謂子期曰：「二君不務德，而力争諸侯，民何罪焉？我請退，以爲子名，務德而安民。」乃還。

經（哀公十一年）

十有一年春，齊國書帥師伐我。
夏，陳轅頗出奔鄭。
五月，公會吴伐齊。甲戌，齊國書帥師及吴戰於艾陵，齊師敗績，獲齊國書。
秋七月辛酉，滕子虞毋卒。
冬十有一月，葬滕隱公。
衛世叔齊出奔宋。

傳（哀公十一年）

十一年春，齊爲鄎故，國書、高無丕帥師伐我，及清。季孫謂其宰冉求曰：「齊師在清，必魯故也，若之何？」求曰：「一子守，二子從公禦諸竟。」季孫曰：「不能。」求曰：「居封疆之間。」季孫告二子，二子不可。求曰：「若不可，則君無出。一子帥師，背城而戰，不屬者，非魯人也。魯之羣室衆於齊之兵車，一室敵車優矣，子何患焉？二子之不欲戰也宜，政在季氏。當子之身，齊人伐魯而不能戰，子之恥也，大不列於諸侯矣。」季孫使從於朝，俟於黨氏之溝。武叔呼而問戰焉。對曰：「君子有遠慮，小人何知？」懿子强問之，對曰：「小人慮材而言，量力而共者也。」武叔曰：「是謂我不成丈夫也。」退而蒐乘。孟孺子洩帥右師，顔羽御，邴洩爲右。冉求帥左師，管周父御，樊遲爲右。季孫曰：「須也弱。」有子曰：「就用命焉。」季氏之甲七千，冉有以武城人三百爲己徒卒，老幼守宮，次於雩門之外。五日，右師從之。公叔務人見保者而泣，

曰：「事充，政重，上不能謀，士不能死，何以治民？吾既言之矣，敢不勉乎！」

師及齊師戰於郊。齊師自稷曲，師不踰溝。樊遲曰：「非不能也，不信子也，請三刻而踰之。」如之，衆從之。師入齊軍。右師奔，齊人從之。陳瓘、陳莊涉泗。孟之側後入以爲殿，抽矢策其馬，曰：「馬不進也。」林不狃之伍曰：「走乎？」不狃曰：「誰不如？」曰：「然則止乎？」不狃曰：「惡賢？」徐步而死。師獲甲首八十，齊人不能師。宵諜曰：「齊人遁。」冉有請從之三，季孫弗許。孟孺子語人曰：「我不如顔羽，而賢於邴洩。子羽鋭敏，我不欲戰而能默，洩曰：『驅之。』」公爲與其嬖僮汪錡乘，皆死，皆殯。孔子曰：「能執干戈以衛社稷，可無殤也。」冉有用矛於齊師，故能入其軍。孔子曰：「義也。」

夏，陳轅頗出奔鄭。初，轅頗爲司徒，賦封田以嫁公女；有餘，以爲己大器。國人逐之，故出。道渴，其族轅咺進稻醴、粱糗、腶脯焉。喜曰：「何其給也？」對曰：「器成而具。」曰：「何不吾諫？」對曰：「懼先行。」

爲郊戰故，公會吴子伐齊。五月，克博。壬申，至於嬴。中軍從王，胥門巢將上軍，王子姑曹將下軍，展如將右軍。齊國書將中軍，高無丕將上軍，宗樓將下軍。陳僖子謂其弟書：「爾死，我必得志。」宗子陽與閭丘明相厲也。桑掩胥御國子。公孫夏曰：「二子必死。」將戰，公孫夏命其徒歌《虞殯》。陳子行命其徒具含玉。公孫揮命其徒曰：「人尋約，吴髮短。」東郭書曰：「三戰必死，於此三矣。」使問弦多以琴，曰：「吾不復見子矣。」陳書曰：「此行也，吾聞鼓而已，不聞金矣。」

甲戌，戰於艾陵。展如敗高子，國子敗胥門巢，王卒助之，大敗齊師，獲國書、公孫夏、閭丘明、陳書、東郭書，革車八百乘，甲首三千，以獻於公。將戰，吴子呼叔孫曰：「而事何也？」對曰：「從司馬。」王賜之甲、劍鈹，曰：「奉爾君事，敬無廢命！」叔孫未能對。衛賜進，曰：「州仇奉甲從君。」而拜。公使大史固歸國子之元，寘之新篋，褽之以玄纁，加組帶焉。寘書於其上，曰：「天若不識不衷，何以使下國？」

吴將伐齊，越子率其衆以朝焉，王及列士皆有饋賂。吴人皆喜，唯子胥懼，曰：「是豢吴也夫！」諫曰：「越在我，心腹之疾也，壤地同，而有欲於我。夫其柔服，求濟其欲也，不如早從事焉。得志於齊，猶獲石田也，無所用之。越不爲沼，吴其泯矣。使醫除疾，而曰『必遺類焉』者，未之有也。《盤庚之誥》曰：『其有顛越不共，則劓殄無遺育，無俾易種於茲邑』，是商所以興也。今君易之，將以求大，不亦難乎？」弗聽。使於齊，屬其子於鮑氏，爲王孫氏。反役，王聞之，使賜之屬鏤以死。將死，曰：「樹吾墓檟，檟可材也。吴其亡乎！三年，其始弱矣。盈必毁，天之道也。」

秋，季孫命修守備，曰：「小勝大，禍也，齊至無日矣。」

冬，衛大叔疾出奔宋。初，疾娶於宋子朝，其娣嬖。子朝出，孔文子使疾出其妻，而妻之。疾使侍人誘其初妻之娣寘於犂，而爲之一宫，如二妻。文子怒，欲攻之，仲尼止之。遂奪其妻。或淫於外州，外州人奪之軒以獻。恥是二者，故出。衛人立遺，使室孔姞。疾臣向魋，納美珠焉，與之城鉏。宋公求珠，魋不與，由是得罪。及桓氏出，城鉏人攻大叔疾，衛莊公復之，使處巢，死焉，殯於鄖，葬於少禘。

初，晉悼公子憖亡在衞，使其女僕而田，大叔懿子止而飲之酒，遂聘之，生悼子。悼子即位，故夏戊爲大夫。悼子亡，衞人翦夏戊。孔文子之將攻大叔也，訪於仲尼。仲尼曰：「胡簋之事，則嘗學之矣；甲兵之事，未之聞也。」退，命駕而行，曰：「鳥則擇木，木豈能擇鳥？」文子遽止之曰：「圉豈敢度其私，訪衞國之難也。」將止，魯人以幣召之，乃歸。

季孫欲以田賦，使冉有訪諸仲尼。仲尼曰：「丘不識也。」三發，卒曰：「子爲國老，待子而行，若之何子之不言也？」仲尼不對，而私於冉有曰：「君子之行也，度於禮：施取其厚，事舉其中，斂從其薄。如是，則以丘亦足矣。若不度於禮，而貪冒無厭，則雖以田賦，將又不足。且子季孫若欲行而法，則周公之典在；若欲苟而行，又何訪焉？」弗聽。

經（哀公十二年）

十有二年春，用田賦。

夏五月甲辰，孟子卒。

公會吳於橐皋。

秋，公會衞侯、宋皇瑗於鄖。

宋向巢帥師伐鄭。

冬十有二月，螽。

傳（哀公十二年）

十二年春王正月，用田賦。

夏五月，昭夫人孟子卒。昭公娶於吳，故不書姓。死不赴，故不稱夫人。不反哭，故不言葬小君。孔子與弔，適季氏。季氏不絻，放絰而拜。

公會吳於橐皋，吳子使大宰嚭請尋盟。公不欲，使子貢對曰：「盟，所以周信也，故心以制之，玉帛以奉之，言以結之，明神以要之。寡君以爲苟有盟焉，弗可改也已。若猶可改，日盟何益？今吾子曰『必尋盟』，若可尋也，亦可寒也。」乃不尋盟。

吳徵會於衞。初，衞人殺吳行人且姚而懼，謀於行人子羽。子羽曰：「吳方無道，無乃辱吾君，不如止也。」子木曰：「吳方無道，國無道，必棄疾於人。吳雖無道，猶足以患衞。往也！長木之斃，無不瘈也；國狗之瘈，無不噬也，而況大國乎！」

秋，衞侯會吳於鄖。公及衞侯、宋皇瑗盟，而卒辭吳盟。吳人藩衞侯之舍。子服景伯謂子貢曰：「夫諸侯之會，事既畢矣，侯伯致禮，地主歸餼，以相辭也。今吳不行禮於衞，而藩其君舍以難之，子盍見大宰？」乃請束錦以行。語及衞故，大宰嚭曰：「寡君願事衞君，衞君之來也緩，寡君懼，故將止之。」子貢曰：「衞君之來，必謀於其衆，其衆或欲或否，是以緩來。其欲來者，子之黨也；其不欲來者，子之讎也。若執衞君，是墮黨而崇讎也，夫墮子者得其志矣。且合諸侯而執衞君，誰敢不懼？墮黨崇讎，而懼諸侯，或者難以霸乎！」大宰嚭說，乃舍衞侯。衞侯歸，效夷言。子之尚幼，曰：「君必不免，其死於夷乎！執焉而又說其言，從之固矣。」

冬十二月，螽，季孫問諸仲尼。仲尼曰：「丘聞之：火伏而後蟄者畢。今火猶西流，司歷過也。」

宋、鄭之間有隙地焉，曰彌作、頃丘、玉暢、喦、戈、鍚。子産與宋人爲成，曰「勿有是」。及宋平、元之族自蕭奔鄭，鄭人爲之城喦、戈、鍚。九月，宋向巢伐鄭，取鍚，殺元公之孫，遂圍喦。十二月，鄭罕達救喦。丙申，圍宋師。

經（哀公十三年）

十有三年春，鄭罕達帥師取宋師於喦。

夏，許男成卒。

公會晉侯及吴子於黄池。

楚公子申帥師伐陳。

於越入吴。

秋，公至自會。

晉魏曼多帥師侵衛。

葬許元公。

九月，螽。

冬十有一月，有星孛於東方。

盜殺陳夏區夫。

十有二月，螽。

傳（哀公十三年）

十三年春，宋向魋救其師。鄭子賸使徇曰：「得桓魋者有賞。」魋也逃歸。遂取宋師於喦，獲成讙、郜延。以六邑爲虚。

夏，公會單平公、晉定公、吴夫差於黄池。

六月丙子，越子伐吴，爲二隧，疇無餘、謳陽自南方，先及郊。吴大子友、王子地、王孫彌庸、壽於姚自泓上觀之。彌庸見姑蔑之旗，曰：「吾父之旗也。不可以見讎而弗殺也。」大子曰：「戰而不克，將亡國，請待之。」彌庸不可，屬徒五千，王子地助之。乙酉，戰，彌庸獲疇無餘，地獲謳陽。越子至，王子地守。丙戌，復戰，大敗吴師，獲大子友、王孫彌庸、壽於姚。丁亥，入吴。吴人告敗於王。王惡其聞也，自剄七人於幕下。

秋七月辛丑盟，吴、晉爭先。吴人曰：「於周室，我爲長。」晉人曰：「於姬姓，我爲伯。」趙鞅呼司馬寅曰：「日旰矣，大事未成，二臣之罪也。建鼓整列，二臣死之，長幼必可知也。」對曰：「請姑視之。」反，曰：「肉食者無墨。今吴王有墨，國勝乎？大子死乎？且夷德輕，不忍久，請少待之。」乃先晉人。

吴人將以公見晉侯，子服景伯對使者曰：「王合諸侯，則伯帥侯牧以見於王；伯合諸侯，則侯帥子、男以見於伯。自王以下，朝聘玉帛不同；故敝邑之職貢於吴，有豐於晉，無不及焉，以爲伯也。今諸侯會，而君將以寡君見晉君，則晉成爲伯矣，敝邑將改

職貢：魯賦於吳八百乘，若爲子、男，則將半邾以屬於吳，而如邾以事晉。且執事以伯召諸侯，而以侯終之，何利之有焉？」吳人乃止。既而悔之，將囚景伯。景伯曰：「何也立後於魯矣，將以二乘與六人從，遲速唯命。」遂囚以還。及戶牖，謂太宰曰：「魯將以十月上辛有事於上帝、先王，季辛而畢，何世有職焉，自襄以來，未之改也。若不會，祝宗將曰『吳實然』，且請魯不共，而執其賤者七人，何損焉？」大宰嚭言於王曰：「無損於魯，而祇爲名，不如歸之。」乃歸景伯。

吳申叔儀乞糧於公孫有山氏，曰：「珮玉縈兮，余無所繫之；旨酒一盛兮，余與褐之父睨之。」對曰：「粱則無矣，麤則有之。若登首山以呼曰『庚癸乎』，則諾。」王欲伐宋，殺其丈夫而囚其婦人。大宰嚭曰：「可勝也，而弗能居也。」乃歸。

冬，吳及越平。

經（哀公十四年）

十有四年春，西狩獲麟。

小邾射以句繹來奔。

夏四月，齊陳恒執其君，寘於舒州。

庚戌，叔還卒。

五月庚申朔，日有食之。

陳宗豎出奔楚。

宋向魋入於曹以叛。

莒子狂卒。

六月，宋向魋自曹出奔衛。

宋向巢來奔。

齊人弒其君壬於舒州。

秋，晉趙鞅帥師伐衛。

八月辛丑，仲孫何忌卒。

冬，陳宗豎自楚復入於陳，陳人殺之。

陳轅買出奔楚。

有星孛。

饑。

傳（哀公十四年）

十四年春，西狩於大野，叔孫氏之車子鉏商獲麟，以爲不祥，以賜虞人。仲尼觀之，曰：「麟也。」然後取之。

小邾射以句繹來奔，曰：「使季路要我，吾無盟矣。」使子路，子路辭。季康子使冉有謂之曰：「千乘之國，不信其盟，而信子之言，子何辱焉？」對曰：「魯有事於小邾，不敢問故，死其城下可也。彼不臣，而濟其言，是義之也，由弗能。」

齊簡公之在魯也，闞止有寵焉。及即位，使爲政。陳成子憚之，驟顧諸朝。諸御鞅

言於公曰：「陳、闞不可並也，君其擇焉！」弗聽。

子我夕，陳逆殺人，逢之，遂執以入。陳氏方睦，使疾，而遺之潘沐，備酒肉焉，饗守囚者，醉而殺之，而逃。子我盟諸陳於陳宗。

初，陳豹欲爲子我臣，使公孫言己，已有喪而止，既而言之曰：「有陳豹者，長而上僂，望視，事君子必得志，欲爲子臣，吾憚其爲人也，故緩以告。」子我曰：「何害？是其在我也。」使爲臣。他日，與之言政，說，遂有寵，謂之曰：「我盡逐陳氏而立女，若何？」對曰：「我遠於陳氏矣，且其違者不過數人，何盡逐焉？」遂告陳氏。子行曰：「彼得君，弗先，必禍子。」子行舍於公宮。

夏五月壬申，成子兄弟四乘如公。子我在幄，出，逆之，遂入，閉門。侍人禦之，子行殺侍人。公與婦人飲酒於檀臺，成子遷諸寢。公執戈，將擊之。大史子餘曰：「非不利也，將除害也。」成子出舍於庫，聞公猶怒，將出，曰：「何所無君？」子行抽劍，曰：「需，事之賊也。誰非陳宗？所不殺子者，有如陳宗！」乃止。

子我歸，屬徒，攻闈與大門，皆不勝，乃出。陳氏追之，失道於弇中，適豐丘。豐丘人執之以告，殺諸郭關。成子將殺大陸子方，陳逆請而免之。以公命取車於道，及耏，衆知而東之，出雍門，陳豹與之車，弗受，曰：「逆爲余請，豹與余車，余有私焉。事子我而有私於其讎，何以見魯、衛之士？」東郭賈奔衛。庚辰，陳恒執公於舒州。公曰：「吾早從鞅之言，不及此。」

宋桓魋之寵害於公，公使夫人驟請享焉，而將討之。未及，魋先謀公，請以鞌易

薄。公曰：「不可。薄，宗邑也。」乃益鞌七邑，而請享公焉，以日中爲期，家備盡往。公知之，告皇野曰：「余長魋也，今將禍余，請即救。」司馬子仲曰：「有臣不順，神之所惡也，而況人乎？敢不承命！不得左師不可，請以君命召之。」左師每食，擊鐘。聞鐘聲，公曰：「夫子將食。」既食，又奏。公曰：「可矣。」以乘車往，曰：「迹人來告曰：『逢澤有介麇焉。』公曰：『雖魋未來，得左師，吾與之田，若何？』君憚告子，野曰：『嘗私焉。』君欲速，故以乘車逆子。」與之乘，至，公告之故，拜，不能起。司馬曰：「君與之言。」公曰：「所難子者，上有天，下有先君。」對曰：「魋之不共，宋之禍也，敢不唯命是聽。」司馬請瑞焉，以命其徒攻桓氏。其父兄故臣曰：「不可。」其新臣曰：「從吾君之命。」遂攻之。子頎騁而告桓司馬。司馬欲入，子車止之曰：「不能事君，而又伐國，民不與也，祇取死焉。」向魋遂入於曹以叛。

六月，使左師巢伐之，欲質大夫以入焉。不能，亦入於曹，取質。魋曰：「不可。既不能事君，又得罪於民，將若之何？」乃舍之。民遂叛之。向魋奔衛。向巢來奔，宋公使止之，曰：「寡人與子有言矣，不可以絶向氏之祀。」辭曰：「臣之罪大，盡滅桓氏可也。若以先臣之故，而使有後，君之惠也。若臣，則不可以入矣。」

司馬牛致其邑與珪焉而適齊。向魋出於衛地，公文氏攻之，求夏后氏之璜焉。與之他玉而奔齊。陳成子使爲次卿，司馬牛又致其邑焉，而適吴，吴人惡之，而反。趙簡子召之，陳成子亦召之，卒於魯郭門之外，阬氏葬諸丘輿。

甲午，齊陳恒弑其君壬於舒州。孔丘三日齊，而請伐齊三。公曰：「魯爲齊弱久矣，

子之伐之，將若之何？」對曰：「陳恒弑其君，民之不與者半。以魯之衆加齊之半，可克也。」公曰：「子告季孫。」孔子辭，退而告人曰：「吾以從大夫之後也，故不敢不言。」

初，孟孺子洩將圉馬於成，成宰公孫宿不受，曰：「孟孫爲成之病，不圉馬焉。」孺子怒，襲成，從者不得入，乃反。成有司使，孺子鞭之。秋八月辛丑，孟懿子卒，成人奔喪，弗内；袒、免，哭於衢，聽共，弗許；懼，不歸。

經（哀公十五年）

十有五年春王正月，成叛。

夏五月，齊高無丕出奔北燕。

鄭伯伐宋。

秋八月，大雩。

晉趙鞅帥師伐衛。

冬，晉侯伐鄭。

及齊平。

衛公孟彄出奔齊。

傳（哀公十五年）

十五年春，成叛於齊。武伯伐成，不克，遂城輸。

夏，楚子西、子期伐吴，及桐汭，陳侯使公孫貞子弔焉，及良而卒，將以尸入。吴子使大宰嚭勞，且辭曰：「以水潦之不時，無乃廪然隕大夫之尸，以重寡君之憂，寡君敢辭。」上介芋尹蓋對曰：「寡君聞楚爲不道，薦伐吴國，滅厥民人，寡君使蓋備使，弔君之下吏。無禄，使人逢天之戚，大命隕隊，絶世於良。廢日共積，一日遷次。今君命逆使人曰『無以尸造於門』，是我寡君之命委於草莽也。且臣聞之曰：『事死如事生，禮也。』於是乎有朝聘而終、以尸將事之禮，又有朝聘而有遭喪之禮。若不以尸將命，是遭喪而還也，無乃不可乎！以禮防民，猶或踰之，今大夫曰『死而棄之』，是棄禮也，其何以爲諸侯主？先民有言曰：『無穢虐士。』備使奉尸將命，苟我寡君之命達於君所，雖隕於深淵，則天命也，非君與涉人之過也。」吴人内之。

秋，齊陳瓘如楚，過衛，仲由見之曰：「天或者以陳氏爲斧斤，既斲喪公室，而他人有之，不可知也；其使終饗之，亦不可知也。若善魯以待時，不亦可乎！何必惡焉？」子玉曰：「然。吾受命矣，子使告我弟。」

冬，及齊平，子服景伯如齊，子贛爲介，見公孫成，曰：「人皆臣人，而有背人之心，況齊人雖爲子役，其有不貳乎？子，周公之孫也，多饗大利，猶思不義。利不可得，而喪宗國，將焉用之？」成曰：「善哉！吾不早聞命。」陳成子館客，曰：「寡君使恒告曰：『寡人願事君如事衛君。』」景伯揖子贛而進之，對曰：「寡君之願也。昔晉人伐衛，齊爲衛故，伐晉冠氏，喪車五百。因與衛地，自濟以西，禚、媚、杏以南，書社五百。吴人加敝邑以亂，齊因其病，取讙與闡，寡君是以寒心。若得視衛君之事君也，則固所願也。」成子病之，乃歸成，公孫宿以其兵甲入於嬴。

衛孔圉取大子蒯聵之姊，生悝。孔氏之豎渾良夫長而美，孔文子卒，通於內。大子在戚，孔姬使之焉。大子與之言曰：「苟使我入獲國，服冕、乘軒，三死無與。」與之盟，爲請於伯姬。

閏月，良夫與大子入，舍於孔氏之外圃。昏，二人蒙衣而乘，寺人羅御，如孔氏。孔氏之老欒寧問之，稱姻妾以告，遂入，適伯姬氏。既食，孔伯姬杖戈而先，大子與五人介，輿豭從之。迫孔悝於厠，强盟之，遂劫以登臺。欒寧將飲酒，炙未熟，聞亂，使告季子；召獲駕乘車，行爵食炙，奉衛侯輒來奔。

季子將入，遇子羔將出，曰：「門已閉矣。」季子曰：「吾姑至焉。」子羔曰：「弗及，不踐其難！」季子曰：「食焉，不辟其難。」子羔遂出。子路入。及門，公孫敢門焉，曰：「無入爲也。」季子曰：「是公孫也，求利焉，而逃其難。由不然，利其禄，必救其患。」有使者出，乃入，曰：「大子焉用孔悝？雖殺之，必或繼之。」且曰：「大子無勇，若燔臺，半，必舍孔叔。」大子聞之，懼，下石乞、盂黶敵子路，以戈擊之，斷纓。子路曰：「君子死，冠不免。」結纓而死。孔子聞衛亂，曰：「柴也其來，由也死矣。」

孔悝立莊公。莊公害故政。欲盡去之，先謂司徒瞞成曰：「寡人離病於外久矣，子請亦嘗之。」歸告褚師比，欲與之伐公，不果。

經（哀公十六年）

十有六年春王正月己卯，衛世子蒯聵自戚入於衛，衛侯輒來奔。

二月，衛子還成出奔宋。

夏四月己丑，孔丘卒。

傳（哀公十六年）

十六年春，瞞成、褚師比出奔宋。

衛侯使鄢武子告於周曰：「蒯聵得罪於君父、君母，逋竄於晉。晉以王室之故，不棄兄弟，寘諸河上。天誘其衷，獲嗣守封焉，使下臣肸敢告執事。」王使單平公對，曰：「肸以嘉命來告余一人，往謂叔父：余嘉乃成世，復爾禄次。敬之哉！方天之休。弗敬弗休，悔其可追？」

夏四月己丑，孔丘卒。公誄之曰：「旻天不弔，不憖遺一老，俾屏余一人以在位，煢煢余在疚。嗚呼哀哉尼父！無自律。」子贛曰：「君其不没於魯乎！夫子之言曰：『禮失則昏，名失則愆。』失志爲昏，失所爲愆。生不能用，死而誄之，非禮也；稱一人，非名也。君兩失之。」

六月，衛侯飲孔悝酒於平陽，重酬之。大夫皆有納焉。醉而送之，夜半而遣之。載伯姬於平陽而行，及西門，使貳車反祏於西圃。子伯季子初爲孔氏臣，新登於公，請追之，遇載祏者，殺而乘其車。許公爲反祏，遇之，曰：「與不仁人争明，無不勝。」必使先射，射三發，皆遠許爲。許爲射之，殪。或以其車從，得祏於橐中。孔悝出奔宋。

楚大子建之遇讒也，自城父奔宋；又辟華氏之亂於鄭。鄭人甚善之。又適晉，與晉人謀襲鄭，乃求復焉。鄭人復之如初。晉人使諜於子木，請行而期焉。子木暴虐於其私

邑，邑人訴之。鄭人省之，得晉諜焉，遂殺子木。其子曰勝，在吳，子西欲召之。葉公曰：「吾聞勝也詐而亂，無乃害乎？」子西曰：「吾聞勝也信而勇，不爲不利。舍諸邊竟，使衛藩焉。」葉公曰：「周仁之謂信，率義之謂勇。吾聞勝也好復言，而求死士，殆有私乎！復言，非信也；期死，非勇也——子必悔之。」弗從，召之，使處吳竟，爲白公。請伐鄭，子西曰：「楚未節也。不然，吾不忘也。」他日，又請，許之，未起師。晉人伐鄭，楚救之，與之盟。勝怒，曰：「鄭人在此，讎不遠矣。」

勝自厲劍，子期之子平見之，曰：「王孫何自厲也？」曰：「勝以直聞，不告女，庸爲直乎？將以殺爾父。」平以告子西。子西曰：「勝如卵，余翼而長之。楚國第，我死，令尹、司馬，非勝而誰？」勝聞之，曰：「令尹之狂也！得死，乃非我。」子西不悛。勝謂石乞曰：「王與二卿士，皆五百人當之，則可矣。」乞曰：「不可得也。」曰：「市南有熊宜僚者，若得之，可以當五百人矣。」乃從白公而見之。與之言，說。告之故，辭。承之以劍，不動。勝曰：「不爲利諂，不爲威惕，不洩人言以求媚者，去之。」

吳人伐慎，白公敗之。請以戰備獻，許之，遂作亂。秋七月，殺子西、子期於朝，而劫惠王。子西以袂掩面而死。子期曰：「昔者吾以力事君，不可以弗終。」抉豫章以殺人而後死。石乞曰：「焚庫、弒王。不然，不濟。」白公曰：「不可。弒王，不祥；焚庫，無聚，將何以守矣？」乞曰：「有楚國而治其民，以敬事神，可以得祥，且有聚矣，何患？」弗從。

葉公在蔡，方城之外皆曰：「可以入矣。」子高曰：「吾聞之，以險徼幸者，其求無饜，偏重必離。」聞其殺齊管修也，而後入。白公欲子閭爲王，子閭不可，遂劫以兵。子閭曰：「王孫若安靖楚國，匡正王室，而後庇焉，啓之願也，敢不聽從？若將專利以傾王室，不顧楚國，有死不能。」遂殺之，而以王如高府。石乞尹門。圉公陽穴宮，負王以如昭夫人之宮。

葉公亦至，及北門，或遇之，曰：「君胡不胄？國人望君如望慈父母焉，盜賊之矢若傷君，是絕民望也，若之何不胄？」乃胄而進。又遇一人曰：「君胡胄？國人望君如望歲焉，日日以幾，若見君面，是得艾也。民知不死，其亦夫有奮心，猶將旌君以徇於國；而又掩面以絕民望，不亦甚乎！」乃免胄而進。遇箴尹固帥其屬，將與白公。子高曰：「微二子者，楚不國矣。棄德從賊，其可保乎？」乃從葉公。使與國人以攻白公，白公奔山而縊。其徒微之。生拘石乞而問白公之死焉。對曰：「余知其死所，而長者使余勿言。」曰：「不言將烹。」乞曰：「此事克則爲卿，不克則烹，固其所也，何害？」乃烹石乞。王孫燕奔頯黃氏。沈諸梁兼二事，國寧，乃使寧爲令尹，使寬爲司馬，而老於葉。

衛侯占夢，嬖人求酒於大叔僖子，不得，與卜人比，而告公曰：「君有大臣在西南隅，弗去，懼害。」乃逐大叔遺。遺奔晉。

衛侯謂渾良夫曰：「吾繼先君而不得其器，若之何？」良夫代執火者而言，曰：「疾與亡君，皆君之子也，召之而擇材焉可也。若不材，器可得也。」豎告大子。大子使五人輿豭從己，劫公而強盟之，且請殺良夫。公曰：「其盟免三死。」曰：「請三之後有罪

殺之。」公曰：「諸哉！」

傳（哀公十七年）

十七年春，衛侯爲虎幄於藉圃，成，求令名者而與之始食焉。大子請使良夫。良夫乘衷甸兩牡，紫衣狐裘。至，袒裘，不釋劍而食。大子使牽以退，數之以三罪而殺之。

三月，越子伐吴，吴子禦之笠澤，夾水而陳。越子爲左右句卒，使夜或左或右，鼓譟而進；吴師分以禦之。越子以三軍潛涉，當吴中軍而鼓之，吴師大亂，遂敗之。

晉趙鞅使告於衛，曰：「君之在晉也，志父爲主。請君若大子來，以免志父。不然，寡君其曰志父之爲也。」衛侯辭以難，大子又使椓之。夏六月，趙鞅圍衛。齊國觀、陳瓘救衛，得晉人之致師者。子玉使服而見之，曰：「國子實執齊柄，而命瓘曰『無辟晉師』，豈敢廢命？子又何辱？」簡子曰：「我卜伐衛，未卜與齊戰。」乃還。

楚白公之亂，陳人恃其聚而侵楚。楚既寧，將取陳麥。楚子問帥於大師子穀與葉公諸梁，子穀曰：「右領差車與左史老皆相令尹、司馬以伐陳，其可使也。」子高曰：「率賤，民慢之，懼不用命焉。」子穀曰：「觀丁父，鄀俘也，武王以爲軍率，是以克州、蓼，服隨、唐，大啓羣蠻。彭仲爽，申俘也，文王以爲令尹，實縣申、息，朝陳、蔡，封畛於汝。唯其任也，何賤之有？」子高曰：「天命不謟。令尹有憾於陳，天若亡之，其必令尹之子是與，君盍舍焉？臣懼右領與左史有二俘之賤而無其令德也。」王卜之，武城尹吉。使帥師取陳麥。陳人禦之，敗，遂圍陳。秋七月己卯，楚公孫朝帥師滅陳。

王與葉公枚卜子良以爲令尹。沈尹朱曰：「吉。過於其志。」葉公曰：「王子而相國，過將何爲！」他日，改卜子國而使爲令尹。

衛侯夢於北宮，見人登昆吾之觀，被髮北面而譟曰：「登此昆吾之墟，緜緜生之瓜。余爲渾良夫，叫天無辜。」公親筮之，胥彌赦占之，曰：「不害。」與之邑，寘之而逃，奔宋。衛侯貞卜，其繇曰：「如魚竀尾，衡流而方羊。裔焉。大國，滅之，將亡。闔門塞竇，乃自後踰。」

冬十月，晉復伐衛，入其郛，將入城。簡子曰：「止，叔向有言曰：『怙亂滅國者無後。』」衛人出莊公而與晉平。晉立襄公之孫般師而還。十一月，衛侯自鄄入，般師出。初，公登城以望，見戎州。問之，以告。公曰：「我，姬姓也，何戎之有焉？」翦之。公使匠久。公欲逐石圃，未及而難作。辛巳，石圃因匠氏攻公。公闔門而請，弗許。踰於北方而隊，折股。戎州人攻之，大子疾、公子青踰從公，戎州人殺之。公入於戎州己氏。初，公自城上見己氏之妻髮美，使髡之，以爲呂姜髢。既入焉，而示之璧，曰：「活我，吾與女璧。」己氏曰：「殺女，璧其焉往？」遂殺之，而取其璧。衛人復公孫般師而立之。十二月，齊人伐衛，衛人請平，立公子起，執般師以歸，舍諸潞。

公會齊侯盟於蒙，孟武伯相。齊侯稽首，公拜。齊人怒。武伯曰：「非天子，寡君無所稽首。」武伯問於高柴曰：「諸侯盟，誰執牛耳？」季羔曰：「鄫衍之役，吴公子姑曹；發陽之役，衛石魋。」武伯曰：「然則彘也。」

宋皇瑗之子麇有友曰田丙，而奪其兄酁般邑以與之。酁般愠而行，告桓司馬之臣子

儀克。子儀克適宋，告夫人曰：「麇將納桓氏。」公問諸子仲。初，子仲將以杞姒之子非我爲子。麇曰：「必立伯也，是良材。」子仲怒，弗從，故對曰：「右師則老矣，不識麇也。」公執之。皇瑗奔晉，召之。

傳（哀公十八年）

十八年春，宋殺皇瑗。公聞其情，復皇氏之族，使皇緩爲右師。

巴人伐楚，圍鄾。初，右司馬子國之卜也，觀瞻曰：「如志。」故命之。及巴師至，將卜帥。王曰：「寧如志，何卜焉？」使帥師而行。請承，王曰：「寢尹、工尹勤先君者也。」三月，楚公孫寧、吴由於、薳固敗巴師於鄾，故封子國於析。君子曰：「惠王知志。夏書曰：『官占唯能蔽志，昆命於元龜』，其是之謂乎！《志》曰：『聖人不煩卜筮』，惠王其有焉。」

夏，衛石圃逐其君起，起奔齊。衛侯輒自齊復歸，逐石圃，而復石魋與大叔遺。

傳（哀公十九年）

十九年春，越人侵楚，以誤吴也。夏，楚公子慶、公孫寬追越師，至冥，不及，乃還。

秋，楚沈諸梁伐東夷，三夷男女及楚師盟於敖。

冬，叔青如京師，敬王崩故也。

傳（哀公二十年）

二十年春，齊人來徵會。夏，會於廩丘，爲鄭故，謀伐晉。鄭人辭諸侯。秋，師還。

吴公子慶忌驟諫吴子曰：「不改，必亡。」弗聽。出居於艾，遂適楚。聞越將伐吴，冬，請歸平越，遂歸。欲除不忠者以説於越。吴人殺之。

十一月，越圍吴，趙孟降於喪食。楚隆曰：「三年之喪，親暱之極也，主又降之，無乃有故乎？」趙孟曰：「黄池之役，先主與吴王有質，曰：『好惡同之。』今越圍吴，嗣子不廢舊業而敵之，非晉之所能及也，吾是以爲降。」楚隆曰：「若使吴王知之，若何？」趙孟曰：「可乎？」隆曰：「請嘗之。」乃往，先造於越軍，曰：「吴犯間上國多矣，聞君親討焉，諸夏之人莫不欣喜，唯恐君志之不從，請入視之。」許之。告於吴王曰：「寡君之老無恤使陪臣隆，敢展謝其不共：黄池之役，君之先臣志父得承齊盟，曰『好惡同之』。今君在難，無恤不敢憚勞，非晉國之所能及也，使陪臣敢展佈之。」王拜稽首曰：「寡人不佞，不能事越，以爲大夫憂，拜命之辱。」與之一簞珠，使問趙孟曰：「句踐將生憂寡人，寡人死之不得矣。」王曰：「溺人必笑，吾將有問也。史黯何以得爲君子？」對曰：「黯也進不見惡，退無謗言。」王曰：「宜哉！」

傳（哀公二十一年）

二十一年夏五月，越人始來。

秋八月，公及齊侯、邾子盟於顧。齊人責稽首，因歌之曰：「魯人之皋，憂不覺，

使我高蹈。唯其儒書，以爲二國憂。」是行也，公先至於陽穀。齊閭丘息曰：「君辱舉玉趾，以在寡君之軍，羣臣將傳遽以告寡君。比其復也，君無乃勤。爲僕人之未次，請除館於舟道。」辭曰：「敢勤僕人？」

傳（哀公二十二年）

二十二年夏四月，邾隱公自齊奔越，曰：「吴爲無道，執父立子。」越人歸之，大子革奔越。

冬十一月丁卯，越滅吴，請使吴王居甬東。辭曰：「孤老矣，焉能事君？」乃縊。越人以歸。

傳（哀公二十三年）

二十三年春，宋景曹卒。季康子使冉有弔，且送葬，曰：「敝邑有社稷之事，使肥與有職競焉，是以不得助執紼，使求從輿人，曰：『以肥之得備彌甥也，有不腆先人之産馬，使求薦諸夫人之宰，其可以稱旌繁乎！』」

夏六月，晉荀瑤伐齊，高無丕帥師禦之。知伯視齊師，馬駭，遂驅之，曰：「齊人知余旗，其謂余畏而反也。」及壘而還。將戰，長武子請卜。知伯曰：「君告於天子，而卜之以守龜於宗祧，吉矣，吾又何卜焉？且齊人取我英丘，君命瑤，非敢耀武也，治英丘也。以辭伐罪足矣，何必卜？」壬辰，戰於犂丘，齊師敗績。知伯親禽顔庚。

秋八月，叔青如越，始使越也。越諸鞅來聘，報叔青也。

傳（哀公二十四年）

二十四年夏四月，晉侯將伐齊，使來乞師，曰：「昔臧文仲以楚師伐齊，取穀；宣叔以晉師伐齊，取汶陽。寡君欲徼福於周公，願乞靈於臧氏。」臧石帥師會之，取廩丘。軍吏令繕，將進。萊章曰：「君卑政暴，往歲克敵，今又勝都，天奉多矣，又焉能進？是僨言也。役將班矣。」晉師乃還。餼臧石牛，大史謝之，曰：「以寡君之在行，牢禮不度，敢展謝之。」

邾子又無道，越人執之以歸，而立公子何。何亦無道。

公子荆之母嬖，將以爲夫人，使宗人釁夏獻其禮。對曰：「無之。」公怒曰：「女爲宗司，立夫人，國之大禮也，何故無之？」對曰：「周公及武公娶於薛，孝、惠娶於商，自桓以下娶於齊，此禮也則有。若以妾爲夫人，則固無其禮也。」公卒立之，而以荆爲大子，國人始惡之。

閏月，公如越，得大子適郢，將妻公而多與之地。公孫有山使告於季孫。季孫懼，使因大宰嚭而納賂焉，乃止。

傳（哀公二十五年）

二十五年夏五月庚辰，衛侯出奔宋。

衞侯爲靈台於藉圃，與諸大夫飲酒焉，褚師聲子韈而登席，公怒。辭曰：「臣有疾，異於人；若見之，君將㲉之，是以不敢。」公愈怒。大夫辭之，不可。褚師出。公戟其手，曰：「必斷而足！」聞之。褚師與司寇亥乘，曰：「今日幸而後亡。」

公之入也，奪南氏邑，而奪司寇亥政。公使侍人納公文懿子之車於池。初，衞人翦夏丁氏，以其帑賜彭封彌子。彌子飲公酒，納夏戊之女，嬖，以爲夫人。其弟期，大叔疾之從孫甥也，少畜於公，以爲司徒。夫人寵衰，期得罪。公使三匠久。公使優狡盟拳彌，而甚近信之。故褚師比、公孫彌牟、公文要、司寇亥、司徒期因三匠與拳彌以作亂，皆執利兵，無者執斤。使拳彌入於公宮，而自大子疾之宮噪以攻公。鄄子士請禦之，彌援其手，曰：「子則勇矣，將若君何？不見先君乎？君何所不逞欲？且君嘗在外矣，豈必不反？當今不可，衆怒難犯。休而易間也。」乃出。將適蒲，彌曰：「晉無信，不可。」將適鄄，彌曰：「齊、晉爭我，不可。」將適泠，彌曰：「魯不足與。請適城鉏，以鉤越。越有君。」乃適城鉏。彌曰：「衞盜不可知也，請速，自我始。」乃載寶以歸。

公爲支離之卒，因祝史揮以侵衞。衞人病之。懿子知之，見子之，請逐揮。文子曰：「無罪。」懿子曰：「彼好專利而妄，夫見君之入也，將先道焉。若逐之，必出於南門，而適君所。夫越新得諸侯，將必請師焉。」揮在朝，使吏遣諸其室。揮出，信，弗內。五日，乃館諸外里，遂有寵，使如越請師。

六月，公至自越，季康子、孟武伯逆於五梧。郭重僕，見二子，曰：「惡言多矣，君請盡之。」公宴於五梧，武伯爲祝，惡郭重，曰：「何肥也？」季孫曰：「請飲彘也！以魯國之密邇仇讎，臣是以不獲從君，克免於大行，又謂重也肥。」公曰：「是食言多矣，能無肥乎？」飲酒不樂，公與大夫始有惡。

傳（哀公二十六年）

二十六年夏五月，叔孫舒帥師會越皋如、舌庸、宋樂茷納衞侯，文子欲納之。懿子曰：「君愎而虐，少待之，必毒於民，乃睦於子矣。」師侵外州，大獲。出禦之，大敗。掘褚師定子之墓，焚之於平莊之上。

文子使王孫齊私於皋如，曰：「子將大滅衞乎？抑納君而已乎？」皋如曰：「寡君之命無他，納衞君而已。」文子致衆而問焉，曰：「君以蠻夷伐國，國幾亡矣，請納之。」衆曰：「勿納。」曰：「彌牟亡而有益，請自北門出。」衆曰：「勿出。」重賂越人，申開守陴而納公，公不敢入。師還。立悼公，南氏相之。以城鉏與越人。公曰：「期則爲此。」令苟有怨於夫人者報之。司徒期聘於越，公攻而奪之幣。期告王，王命取之，期以衆取之。公怒，殺期之甥之爲大子者，遂卒於越。

宋景公無子，取公孫周之子得與啓畜諸公宮，未有立焉。於是皇緩爲右師，皇非我爲大司馬，皇懷爲司徒，靈不緩爲左師，樂茷爲司城，樂朱鉏爲大司寇，六卿三族降聽政，因大尹以達。大尹常不告，而以其欲稱君命以令。國人惡之。司城欲去大尹，左師曰：「縱之，使盈其罪。重而無基，能無敝乎？」

冬十月，公游於空澤，辛巳，卒於連中。大尹興空澤之士千甲，奉公自空桐入如沃

宮，使召六子，曰：「聞下有師，君請六子畫。」六子至，以甲劫之曰：「君有疾病，請二三子盟。」乃盟於少寢之庭，曰：「無爲公室不利！」大尹立啓，奉喪殯於大宮，三日而後國人知之。司城茷使宣言於國曰：「大尹惑蠱其君，而專其利，今君無疾而死，死又匿之，是無他矣，大尹之罪也。」

得夢啓北首而寢於盧門之外，己爲烏而集於其上，咮加於南門，尾加於桐門。曰：「余夢美，必立。」

大尹謀曰：「我不在盟，無乃逐我？復盟之乎！」使祝爲載書。六子在唐盂，將盟之。祝襄以載書告皇非我。皇非我因子潞、門尹得、左師謀曰：「民與我，逐之乎！」皆歸授甲，使徇於國曰：「大尹惑蠱其君，以陵虐公室；與我者，救君者也。」衆曰：「與之！」大尹徇曰：「戴氏、皇氏將不利公室，與我者，無憂不富。」衆曰：「無別！」戴氏、皇氏欲伐公，樂得曰：「不可。彼以陵公有罪；我伐公，則甚焉。」使國人施於大尹，大尹奉啓以奔楚，乃立得。司城爲上卿，盟曰：「三族共政，無相害也！」

衞出公自城鉏使以弓問子贛，且曰：「吾其入乎？」子贛稽首受弓，對曰：「臣不識也。」私於使者曰：「昔成公孫於陳，甯武子、孫莊子爲宛濮之盟而君入。獻公孫於齊，子鮮、子展爲夷儀之盟而君入。今君再在孫矣，內不聞獻之親，外不聞成之卿，則賜不識所由入也。《詩》曰：『無競惟人，四方其順之。』若得其人，四方以爲主，而國於何有？」

傳（哀公二十七年）

二十七年春，越子使舌庸來聘，且言邾田，封於駘上。二月，盟於平陽，三子皆從。康子病之，言及子贛，曰：「若在此，吾不及此夫！」武伯曰：「然。何不召？」曰：「固將召之。」文子曰：「他日請念。」

夏四月己亥，季康子卒。公弔焉，降禮。

晉荀瑶帥師伐鄭，次於桐丘。鄭駟弘請救於齊。齊師將興，陳成子屬孤子三日朝。設乘車兩馬，繫五邑焉。召顏涿聚之子晉，曰：「隰之役，而父死焉。以國之多難，未女恤也。今君命女以是邑也，服車而朝，毋廢前勞！」乃救鄭。及留舒，違穀七里，穀人不知。及濮，雨，不涉。子思曰：「大國在敝邑之宇下，是以告急。今師不行，恐無及也。」成子衣製杖戈，立於阪上，馬不出者，助之鞭之。知伯聞之，乃還，曰：「我卜伐鄭，不卜敵齊。」使謂成子曰：「大夫陳子，陳之自出。陳之不祀，鄭之罪也，故寡君使瑶察陳衷焉，謂大夫其恤陳乎？若利本之顛，瑶何有焉？」成子怒曰：「多陵人者不在，知伯其能久乎！」

中行文子告成子曰：「有自晉師告寅者，將爲輕車千乘以厭齊師之門，則可盡也。」成子曰：「寡君命恒曰：『無及寡，無畏衆。』雖過千乘，敢辟之乎？將以子之命告寡君。」文子曰：「吾乃今知所以亡。君子之謀也，始、衷、終皆舉之，而後入焉。今我三不知而入之，不亦難乎！」

公患三桓之侈也，欲以諸侯去之；三桓亦患公之妄也，故君臣多間。公遊於陵阪，

遇孟武伯於孟氏之衢，曰：「請有問於子：余及死乎？」對曰：「臣無由知之。」三問，卒辭不對。公欲以越伐魯而去三桓，秋八月甲戌，公如公孫有陘氏。因孫於邾，乃遂如越。國人施公孫有山氏。

悼之四年，晉荀瑤帥師圍鄭，未至，鄭駟弘曰：「知伯愎而好勝，早下之，則可行也。」乃先保南里以待之。知伯入南里，門於桔柣之門。鄭人俘酅魁壘，賂之以知政，閉其口而死。將門，知伯謂趙孟：「入之！」對曰：「主在此。」知伯曰：「惡而無勇，何以爲子？」對曰：「以能忍恥，庶無害趙宗乎！」知伯不悛，趙襄子由是惎知伯，遂喪之。知伯貪而愎，故韓、魏反而喪之。

圖書在版編目(CIP)數據

四書五經:大字綫裝本:全十一册/(戰國)孟子等著. —北京:中華書局,2014.9(2024.6 重印)
ISBN 978-7-101-10279-6

Ⅰ.四… Ⅱ.孟… Ⅲ.①四書②五經 Ⅳ.①B222.1 ②Z126.1

中國版本圖書館 CIP 數據核字(2014)第 145536 號

責任編輯:舒　琴
責任印製:管　斌

四書五經(大字綫裝本)
(全十一册)
〔戰國〕孟　子 等著
*
中 華 書 局 出 版 發 行
(北京市豐臺區太平橋西里 38 號　100073)
http://www.zhbc.com.cn
E-mail:zhbc@zhbc.com.cn
揚州古籍綫裝文化有限公司印刷印刷
*
2014 年 9 月第 1 版　2024 年 6 月第 7 次印刷
印數:4101-4400 册　定價:1980.00 元

ISBN 978-7-101-10279-6

ISBN 978-7-101-10279-6
01>
9 787101 102796

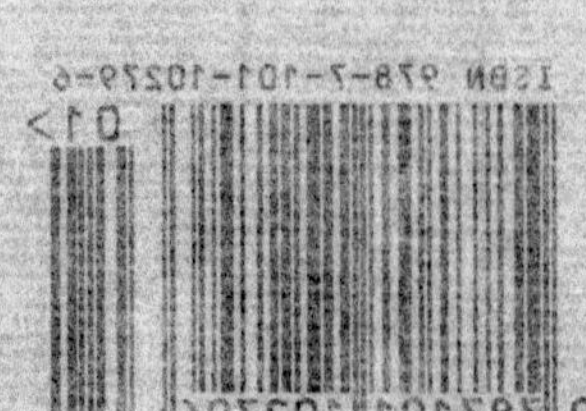